Netzwerkforschung

Herausgegeben von
R. Häußling, Aachen, Deutschland
C. Stegbauer, Frankfurt am Main, Deutschland

Weitere Bände in dieser Reihe
http://www.springer.com/series/12621

In der deutschsprachigen Soziologie ist das Paradigma der Netzwerkforschung noch nicht so weit verbreitet wie in den angelsächsischen Ländern. Die Reihe „Netzwerkforschung" möchte Veröffentlichungen in dem Themenkreis bündeln und damit dieses Forschungsgebiet stärken. Obwohl die Netzwerkforschung nicht eine einheitliche theoretische Ausrichtung und Methode besitzt, ist mit ihr ein Denken in Relationen verbunden, das zu neuen Einsichten in die Wirkungsweise des Sozialen führt. In der Reihe sollen sowohl eher theoretisch ausgerichtete Arbeiten, als auch Methodenbücher im Umkreis der quantitativen und qualitativen Netzwerkforschung erscheinen.

Herausgegeben von
Prof. Dr. Roger Häußling   Prof. Dr. Christian Stegbauer
Institut für Soziologie   Goethe-Universität Frankfurt am Main
RWTH Aachen

Christian Stegbauer · Alexander Rausch

Einführung in NetDraw

Erste Schritte mit dem
Netzwerkvisualisierungsprogramm

Prof. Dr. Christian Stegbauer
Goethe-Universität
Frankfurt am Main
Deutschland

Alexander Rausch
Goethe-Universität
Frankfurt am Main
Deutschland

ISBN 978-3-658-03134-3
DOI 10.1007/978-3-658-03135-0

ISBN 978-3-658-03135-0 (eBook)

Die Deutsche Nationalbibliothek verzeichnet diese Publikation in der Deutschen Nationalbibliografie; detaillierte bibliografische Daten sind im Internet über http://dnb.d-nb.de abrufbar.

Springer VS
© Springer Fachmedien Wiesbaden 2013
Das Werk einschließlich aller seiner Teile ist urheberrechtlich geschützt. Jede Verwertung, die nicht ausdrücklich vom Urheberrechtsgesetz zugelassen ist, bedarf der vorherigen Zustimmung des Verlags. Das gilt insbesondere für Vervielfältigungen, Bearbeitungen, Übersetzungen, Mikroverfilmungen und die Einspeicherung und Verarbeitung in elektronischen Systemen.

Die Wiedergabe von Gebrauchsnamen, Handelsnamen, Warenbezeichnungen usw. in diesem Werk berechtigt auch ohne besondere Kennzeichnung nicht zu der Annahme, dass solche Namen im Sinne der Warenzeichen- und Markenschutz-Gesetzgebung als frei zu betrachten wären und daher von jedermann benutzt werden dürften.

Lektorat: Dr. Andreas Beierwaltes, Katharina Gonsior

Gedruckt auf säurefreiem und chlorfrei gebleichtem Papier

Springer VS ist eine Marke von Springer DE. Springer DE ist Teil der Fachverlagsgruppe Springer Science+Business Media
www.springer-vs.de

Vorwort

Wir haben für eine erste deutschsprachige Einführung in die Praxis der Netzwerkvisualisierung das Programm *NetDraw* ausgewählt. Dieses Programm gehört zu den am weitesten verbreiteten Werkzeugen zur Sichtbarmachung von Beziehungsstrukturen. Der besondere Vorteil ist aber, dass es sehr leicht zu erlernen und auch leicht zu bedienen ist. Vielen Menschen, die sich mit Netzwerkforschung beschäftigen wollen, ist damit bereits gedient, bzw. ein Einstieg bereitet, der zu einem weiteren Studium der Materie führen mag.

Wir freuen uns, wenn die Netzwerkforschung sich verbreitet, stellt sie doch die empirische Grundlage der klassischen Beziehungslehre dar, die zudem auch immer stärker theoretisch unterfüttert wird.

Die vorliegende Einführung soll es ermöglichen, in ein bis zwei Nachmittagen, das vorgestellte Programm zu erlernen. Man kann sehen, die Darstellung von Netzwerken ist keine Hexerei. Unser Buch in Verbindung mit dem von Steve Borgatti entwickelten Programm macht einen wesentlichen Teil der Netzwerkanalyse für jeden Interessenten zugänglich.

Wir danken Lisa Schäfer und Marc-Christian Schäfer für Hinweise auf Verbesserungen.

Inhaltsverzeichnis

1 **Einführung** 1
   1.1 Eigenschaften versus Beziehungen 2
   1.2 Grundformen von Beziehungen 4
   1.3 Die Dyade 4
   1.4 Die Triade 6
   1.5 Dekomposition in dyadische Beziehungen 7
   1.6 Dekomposition in triadische Beziehungen 8
   1.7 Netzwerk und Graph 9
   1.8 Was ist ein Netzwerk? 9
   1.9 Gesamtnetzwerk oder Teilnetzwerk? 10
   1.10 Persönliche Netzwerke 11
   1.11 Grenzenlosigkeit von Netzwerken und unscharfe Grenzen 11
   1.12 „Network in a box" 13

2 **Erhebung von Netzwerkdaten** 17
   2.1 Befragung – network in a box 17
   2.2 Repräsentative Befragungen – egozentrierte Vorgehensweise .. 17
   2.3 Gemeinsame Erarbeitung von Netzwerken 18
   2.4 Weitere Möglichkeiten der Erhebung von Netzwerken 19
   2.5 Verbreitete Software zur Analyse von Netzwerken 20
   2.6 Weitere Informationen 21

3 **Netzwerkbegriff, Darstellung und Systematik von Graphen, Analyseebenen** 23
   3.1 Operationalisierung: Unimodale Netzwerke 24
      3.1.1 Bestandteile eines Graphen 24
      3.1.2 Darstellung von Graphen 24
      3.1.3 Kreisförmige Anordnung der Knoten 28
      3.1.4 Inhaltlich bestimmte Darstellung eines Graphen (ein Beispiel) 30
      3.1.5 Systematik von Graphen 31
   3.2 Analyseebenen 34

4	**Eingabe von Daten und erste Schritte mit Netdraw**	37
4.1	Darstellung der Daten	38
4.2	Datenformat	40
4.3	Eingabe der Daten	42
4.4	Netdraw Download und Installation	43
4.5	Programmaufruf und Einlesen der vorbereiteten Daten	43
4.6	Register zur Auswahl von Beziehungstypen und Knotenattributen	46
	4.6.1 Auswahl nach Beziehungstypen	47
	4.6.2 Auswahl nach Knotenattributen	47
4.7	Veränderung des Layouts der Knotenanordnung	49
4.8	Veränderung des Layouts der Knoten selbst	49
4.9	Größe, Farbe & Position von Etiketten ändern	51
4.10	Dicke, Farbe & Stil von Kanten ändern	52
4.11	Hervorhebung reziproker Beziehungen	53
	4.11.1 Hervorhebung Simmelscher Beziehungen	54
	4.11.2 Visualisierung der Beziehungen innerhalb und zwischen Gruppen	56
4.12	Markierung der Zentralität von Knoten	57
4.13	Speichern eines Netzwerkdiagramms (Graphikdatei)	60
	4.13.1 Kopieren in die Zwischenablage	60
	4.13.2 Speichern in einer Datei	60
4.14	Zusammenfassung	61
4.15	Weiterführende Literatur zur Visualisierung von Netzwerken	61
5	**Erweiterungen: Attribut-Dateien, Ego-Netzwerke und Diagrammdateien**	63
5.1	Attribut-Dateien	63
	5.1.1 Definition von Attribut-Dateien	64
	5.1.2 Import von Attribut-Dateien	65
	5.1.3 Anwendungen von Attributen	65
5.2	Ego-Netzwerke	68
5.3	Diagrammdaten (vna-Format)	70
	5.3.1 Diagrammdaten sichern	70
	5.3.2 Die Diagramm-Datei („.vna"-Format)	72
	5.3.3 Laden von Diagrammdateien	74
6	**Praxisbeispiel: Beziehungen in einer Schulklasse**	77
6.1	Untersuchungsdesign	78
6.2	Datenorganisation und Eingabe	79
6.3	Dateneingabe	80
6.4	Kodierung der Knotenattribute	82
6.5	Kanten auswählen, anhand ihres Kantengewichts	83

	6.6	Kanteneigenschaften verändern anhand ihres Kantengewichts	85
	6.7	Verbesserung der Darstellung	88
	6.8	Datenreorganisation	89
	6.9	Wechselseitige Einstellungen	93
7	**Schlussbetrachtung**		99
8	**Anhang: Dokumentation von Funktionen des Programms Netdraw**		101
	8.1	Arbeitsumgebung	101
	8.2	Erste Schritte mit NetDraw	101
		8.2.1 Überblick	101
		8.2.2 Menü- und Symbolleiste	104
	8.3	Einige Hinweise zum Layout	108
		8.3.1 Layout-Optionen	108
		8.3.2 Manuelles Positionieren der Knotensymbole	110
Literatur			111

Einführung 1

Dieses Buch soll Menschen, die Interesse an Netzwerkanalyse haben, in die Lage versetzen, selbst Analysen durchzuführen. Das Buch baut auf einer Reihe von uns gemeinsam durchgeführten Kursen auf. Wir möchten mit dem Buch vor allem den Anfang erleichtern. Aus diesem Grunde ist es keine umfassende Einführung in die Netzwerkforschung, sondern eine Anleitung für den praktischen Anfang. Dennoch wollen wir nicht vollständig auf Erklärungen aus der Netzwerkforschung verzichten – wir führen diese dort ein (allerdings ganz kurz), wo wir glauben, dass sie für das Verständnis unverzichtbar sind. Um das Buch zu nutzen, sind keine Vorkenntnisse notwendig.

Im Buch ist nicht der gesamte Kurs beschrieben, sondern nur der erste Kontakt. Aus diesem Grunde machen wir es kurz. Der Versuch ist, innerhalb einer sehr kurzen Zeit das erste Netzwerk zu visualisieren. Das Buch soll den Leser, die Leserin in die Lage versetzen, innerhalb eines kurzen Zeitraums die wichtigsten Möglichkeiten des Visualisierungsprogramms kennenzulernen und selbst Analysen durchzuführen. Dabei sollen Schwellenängste im Umgang mit einem formalen Verfahren abgebaut werden.

Obgleich das Buch relativ kurz ist kommen Wiederholungen vor. Diese sind durchaus beabsichtigt und dienen dazu, an der entsprechenden Stelle das Vorgehen zu erleichtern. Ziel ist es, möglichst schnell ein Ergebnis zu erzielen und damit ein Erfolgserlebnis zu generieren. Wir legen auch keinen Wert auf Vollständigkeit. Es werden bei weitem nicht alle Funktionen erklärt. Wir benutzen als Beispiele zwei verschiedene Datensätze. Der erste Datensatz stammt von Feriligoj et al. (2003, S. 12 f.) und behandelt den Austausch von Studienmaterial von Studenten und Studentinnen[1] in einer Lehrveranstaltung an der Universität von Ljubljana in Slowenien. Der zweite Datensatz ist etwas komplexer und wurde in einer Veranstaltung zu in Frankfurt unter der Seminarleitung von Christian Stegbauer

---

[1] Oft kommt es in diesem Buch bei den grammatikalischen Endungen tatsächlich auf das Geschlecht an. Da wir die Darstellung nicht unnötig verkomplizieren wollen, halten wir uns an die alten Konventionen. Uns sind dabei die damit einhergehenden sprachgesellschaftlichen Implikationen bewusst.

so genannten „Schulpraktischen Studien" von einer Studentin in einer Schulklasse einer Gesamtschule erhoben.

Die Netzwerkanalysen werden mit Hilfe des Programms *NetDraw* durchgeführt. Dieses Programm ist nach unserem Eindruck dasjenige, welches am weitesten verbreitet ist. Und, was noch wichtiger ist, das Programm ist relativ leicht zu bedienen. Zudem lassen sich mit NetDraw schnell gut interpretierbare Visualisierungen erzeugen. Es sind mittlerweile mehrere Hundert Netzwerkanalyseprogramme entwickelt worden. Die meisten davon sind relativ kurzlebig. Oft ist die Überlebensdauer an den Zeitraum einer Projektförderung gebunden. Aus diesen Gründen erscheint es uns sinnvoll, mit diesem Programm zu starten. *NetDraw* ist kostenfrei herunterladbar. Obwohl das Programm bereits seit einigen Jahren angeboten wird, befindet es sich immer noch in einer rasanten Entwicklung, so dass neben neuen Prozeduren auch neue Fehler hinzukommen, die bei der nächsten oder übernächsten Aktualisierung aber meist behoben sind. Von Zeit zu Zeit ändern sich auch das Erscheinungsbild, die Menüs oder die Aufrufe von vorhandenen Prozeduren innerhalb des Programms.

Das Buch ist folgendermaßen aufgebaut: das erste Kapitel enthält einige grundsätzliche Ausführungen zu Beziehungsdaten und zur Zerlegung sowie zur Begrenzung von Netzwerken. Das zweite Kapitel behandelt die Erhebung von Netzwerken. Im dritten Kapitel thematisieren wir Bestandteile eines Graphen und streifen die Graphentheorie. Im vierten Kapitel wird in *NetDraw* eingeführt, insbesondere wird die Eingabe der Beziehungsdaten in *NetDraw* beschrieben. Im fünften Abschnitt beschreiben wir, wie Attribute zu den Knoten geladen werden können und zeigen, wie man die Visualisierungsdaten eines Graphen abspeichert. Der sechste Teil zeigt am Praxisbeispiel von Beziehungsdaten aus einer Schulklasse, verschiedene Möglichkeiten der Aufbereitung und Visualisierung komplexer Netzwerkdaten. Nach einer kurzen Schlussbetrachtung ist das letzte Kapitel eine Art Referenzbeschreibung von *NetDraw*. Will man ganz schnell praktisch einsteigen, dann kann man mit dem dritten Kapitel des Buches beginnen. Dann sollten allerdings zumindest allererste Vorkenntnisse über die Terminologie und den Hintergrund der Netzwerkanalyse vorhanden sein.

Bevor wir aber mit dem Technischen beginnen, soll zunächst etwas zur Netzwerkanalyse selbst gesagt werden.

1.1 Eigenschaften versus Beziehungen

Die immer noch am häufigsten praktizierte Form der empirischen Untersuchung ist das Interview, insbesondere in der Umfrageforschung. Dort fragt man Personen meist nach Einstellungen, Eigenschaften und Attributen. So werden Haltungen zu bestimmten Aussagen abgefragt, um herauszubekommen, ob beispielsweise die Menschen eher materialistisch oder postmaterialistisch orientiert sind (Inglehart 1977). Es wird danach gefragt, in welcher Haushaltskonstellation die Menschen leben und welches Einkommen sie erzielen und wie ihre formale Bildung ist. Solche Informationen werden dann in Variablen erfasst und untersucht, inwieweit die Ausprägungen der Variablen zusammenhängen. Etwa ob Menschen mit höherer Bildung eher materialistisch oder postmaterialistisch eingestellt sind. Dabei ist es wichtig, dass die Untersuchungseinheiten, die Befragten nicht untereinander verbunden sind. Sie sollen explizit voneinander unabhängig sein.

In der Netzwerkforschung untersucht man zunächst nicht die Eigenschaften (tatsächlich brauchen wir diese auch, aber dies ist eher nachgeordnet), sondern wir interessieren uns für die Beziehungen zwischen den Menschen (oder anderen Untersuchungseinheiten). Genauer gesagt, sind die Beziehungen das Material für die Analyse, denn wir untersuchen nicht die Beziehungen, sondern wir interessieren uns für die Struktur dieser Beziehungen (Radcliffe-Brown 1940). Diese stehen für uns im Mittelpunkt. Beziehungen, bzw. die Beziehungsstruktur bieten andere Einsichten in soziale Zusammenhänge, als es durch den Blick auf Eigenschaften von Personen und deren Verknüpfungen möglich ist. Hierdurch lassen sich Erkenntnisse gewinnen, für die Einzelfallbetrachtungen oder das Aggregieren von Eigenschaften blind sind. So erwachsen aus der Struktur nicht nur Handlungsmöglichkeiten, sondern auch Weltanschauungen, Weltwissen, Präferenzen usw. Nutzt man die Analysemöglichkeiten und die sich anbietenden theoretischen Grundlagen, so ergeben sich hieraus auch andere Sichtweisen auf die Analyse von Gesellschaft. Abgesehen von einigen Beispielen, die dieses Thema nur am Rande streifen, seien dies in diesem Zusammenhang Andeutungen genug. Eine weite Behandlung der theoretischen Grundlagen würde die Idee des Anleitungsbuches sprengen.

Das bedeutet aber nicht, dass Eigenschaften von Personen für die sich die Umfrageforschung interessiert, nicht auch wichtig wären. Diese sind bedeutsam, um die gefundenen Strukturen zu erklären. Wir arbeiten also sehr häufig mit Methodenmischungen. Schweizer (1993), ein bekannter Netzwerkforscher und Ethnologe sprach von einem „flesh-and-bone"-Modell, bei dem die Beziehungsstruktur an die „bones" erinnern, das Fleisch hingegen kommt von anderen Methoden (die nicht von vornherein festgelegt sind). Es sollen also zusätzlich qualitative und quantitative Methoden zum Einsatz kommen.

> Die formale Analyse [z. B. die formale Analyse der Beziehungen zwischen den Untersuchungsobjekten – die Autoren dieses Buches] könnte darin als das Skelett bezeichnet werden, um den Körper jedoch zu komplettieren ist neben den Knochen auch das Fleisch notwendig. Hiermit sind die Inhalte gemeint, die zur Interpretation notwendig sind. So gesehen, ergibt sich eine Notwendigkeit die verschiedenen Perspektiven zu verknüpfen. (Stegbauer 2011, S. 262, unter Bezugnahme auf Schweizer 1993, S. 93)

Wenn wir nicht über, mit qualitativen Methoden gewonnenes Wissen über die Personen im Netzwerk (Knoten) verfügen, so haben wir doch oft Informationen über deren Attribute, die uns bei der Interpretation der Beziehungsmuster helfen können. Meist können solche Informationen zusammen mit den Beziehungen selbst erhoben werden.

Allerdings kann man auch in großen Umfragen Netzwerkbeziehungen erfassen. Ein Beispiel ist dafür der „General Social Survey", der 1985 erstmals mit dem sogenannten Burtschen Netzwerkgenerator durchgeführt wurde (Burt 1984). Die Ergebnisse wurden von Marsden (1987) in einem Aufsatz dargestellt. Hierbei wurde einfach danach gefragt, mit wem man in der letzten Zeit über wichtige Dinge gesprochen habe. 2004 wurde die Untersuchung mit dem Ergebnis wiederholt, dass die Zahl der Menschen, mit denen die Amerikaner über wichtige Dinge gesprochen haben, deutlich zurückgegangen ist. Es gibt mittlerweile Hinweise darauf, dass es sich um einen Artefakt handelt. Das dort angewendete Vorgehen, insbesondere die Frage nach den Personen mit denen man über wichtige Dinge gesprochen hat, haben sich zu einer Art Standardnetzwerkgenerator für Umfragen entwickelt. Allerdings wurden auch viele andere Namensgeneratoren angewendet, siehe Wolf (2009, 2010) oder Hennig (2010).

In der Netzwerkanalyse geht es um soziale Beziehungen. Max Weber definiert „soziale Beziehung" als ein Sichverhalten mehrerer, welches in seinem Sinngehalt nach aufeinander gegenseitig eingestellt sein soll (Weber 2002, zuerst 1922, Kap. 1, § 3). Weber macht damit soziale Beziehung an Verhalten fest. Dies kann man tatsächlich tun, so bespricht man etwa wichtige Dinge mit Personen, mit denen man in einem sehr engen Verhältnis steht, eine enge Beziehung hat.

1.2 Grundformen von Beziehungen

Oft wird versucht, größere Beziehungskonstellationen in kleine oder kleinste Einheiten zu zerlegen. Auch in der Netzwerkanalyse geht man diesen Weg. Letztlich werden in großen Matrizen die Beziehungen zwischen allen Teilnehmern als Dyaden erfasst. Dies veranlasst zahlreiche Netzwerkforscher zu der Idee, dass Netzwerke tatsächlich aus Dyaden und Triaden zusammengesetzt seien (z. B. Kadushin 2012). Die Netzwerkforschung konnte aber zeigen, dass Dyaden und Triaden zwar als analytische Einheiten interessant sind, aber weitergehende Einbettungen darüber entscheiden können, wie solche Konstellationen zu qualifizieren sind. Ein klassisches Beispiel hierfür ist die Analyse der häuslichen Arbeitsteilung in Abhängigkeit von der Struktur der Beziehung der beiden Partner, wie sie Elisabeth Bott (1957) durchgeführt hat. Besitzen die beiden Partner denselben Freundeskreis, so ist die Arbeitsteilung größer, da die Konventionen der damaligen Zeit stärker auf die Beziehung durchschlagen, so die Argumentation. Die Diskussion, inwieweit eine Zerlegung in kleine und kleinste Einheiten des Netzwerkes solche Überlegungen übergeht, soll hier nicht weiter geführt werden. Stattdessen beschäftigen wir uns im Folgenden mit den Grundformen.

1.3 Die Dyade

Die Beschränkung auf zwei Akteure, die in einer sozialen Beziehung stehen, ist die Bedingung für eine ganze Reihe von Beziehungsformen, wie der Klassiker Georg Simmel (1908) der Netzwerkforschung beispielsweise unter Bezugnahme auf das Geheimnis schreibt:

> Die besondere Charakterisierung eines Verhältnisses durch die Zweizahl der Teilnehmer zeigen ganz alltägliche Erfahrungen: wie ganz anders ein gemeinsames Los, ein Unternehmen,

1.3 Die Dyade

> ein Einverständnis, ein geteiltes Geheimnis zweier jeden der Teilnehmer bindet, als wenn auch nur drei daran teilhaben. … Vielleicht ist dies für das Geheimnis am charakteristischsten, indem die allgemeine Erfahrung zu zeigen scheint, dass dieses Minimum, mit dem das Geheimnis die Grenze des Fürsichseins überschreitet, zugleich das Maximum ist, mit dem seine Bewahrung einigermaßen gesichert ist. (101)

Eine solche Paarbeziehung kann sich sehr stark vom Netzwerk, in welches diese eingebettet ist, unterscheiden und eine eigene Traditionen entwickeln. Allerdings hat die klassische Netzwerkforschung (Bott 1957) auch gezeigt, dass selbst diese Formation von der Einbettungsstruktur abhängig ist. Diejenigen Paare, in denen jedes Teil weitgehend über, vom anderen unabhängige Beziehungen verfügten, konnten sich von den damals geltenden Konventionen häuslicher Arbeitsteilung entfernen. Sie teilten viele Haushaltsarbeiten gleichmäßiger auf, als solche, die über einen gemeinsamen Freundeskreis verfügten.

Formal gesehen, ist die Dyade eine Form der Vergesellschaftung, die, wie genannt, als Paar (Liebespaar, Ehepaar) ganz typische Eigenschaften aufweist, die sich von anderen Formationen unterscheiden. Eine weitere Ausprägung dieser Form findet sich bei Freundschaften, die allerdings über sehr weite Möglichkeiten der Ausgestaltung verfügen (siehe Stegbauer 2010).

> Simmel (1908, S. 100) schreibt hierzu: Vielmehr ist sie [die Dyade] selbst schon eine Vergesellschaftung, an der nicht nur viele Formen einer solchen überhaupt sich sehr rein und charakteristisch verwirklichen, sondern die Beschränkung auf die Zweizahl der Elemente ist sogar die Bedingung, unter der allein eine Reihe von Beziehungsformen hervortritt.

Unabhängig von solchen inhaltlichen Überlegungen bilden Dyaden ein Grundelement bei der formalen Analyse sozialer Netzwerke. Formal bestehen Dyaden aus Paaren von Knoten und den Beziehungen zwischen diesen. Es kann vorkommen, dass zwischen den beiden Knoten überhaupt keine Beziehung besteht oder es kann eine einseitige oder eine wechselseitige Beziehung vorhanden sein.

Manche Beziehungen werden von vornherein als wechselseitig definiert, etwa Freundschaft, die nach allgemeiner Auffassung eine gegenseitige Beziehung darstellt. Andere Beziehungen können sowohl wechselseitig sein, als auch einseitig. In vielen Fällen ist dies nicht bereits in der Definition festgelegt. Unterstützung kann einseitig sein und ist es tatsächlich auch oft. Ein Beispiel hierfür findet sich bei Peter Blau (1976), in den „Konsultationen unter Kollegen". Blau beschreibt, dass nicht jeder der Kollegen in der Lage war, kompetent eine Unterstützungsleistung in einem Arbeitsproblem zu leisten. Misst man also Hilfe im Arbeitsprozess, dann ist der empirische Befund, ob es sich um einseitige oder gegenseitige Hilfeleistungen handelt, möglicherweise von großem Interesse.

In einem solchen Fall kann uns das Verhältnis der Zahl der einseitigen Beziehungen zur Zahl der wechselseitigen Beziehungen innerhalb eines Netzwerks wichtige Einsichten in die Struktur desselben geben. Daneben kann es interessant sein, ob wechselseitige Beziehungen in größere Strukturen eingebettet sind oder nicht. Solchen eingebetteten symmetrischen Beziehungen werden wir im weiteren Verlauf an verschiedenen Stellen unsere Aufmerksamkeit widmen.

Sehr oft erwarten wir aus konzeptionellen Gründen wechselseitige Beziehungen. Ohne dem Verlauf des Buches vorgreifen zu wollen, kann man hier schon vermerken, dass diese, aus verschiedenen Gründen (Erhebungsfehler, fehlende Werte, während der Erhebung nicht anwesende Personen) in den empirischen Untersuchungen nicht im selben Maße, wie theoretisch erwartet, aufzufinden sind.

1.4 Die Triade

Die nächstgrößere Formation ist die Triade, nämlich eine Struktur, in der drei Teilnehmer untereinander verbunden sind. Mit der Triade kommt ein neues Element zum Tragen. Triaden weisen im Gegensatz zur Dyade bereits weit komplexere Eigenschaften auf. Georg Simmel hat dies in seiner „Soziologie" (1908) im Kapitel „Die quantitative Bestimmtheit der Gruppe" zeitlos aktuell festgehalten.

So fügt sich zur direkten Beziehung zwischen A und B eine mittelbare oder indirekte Beziehung hinzu:

> Wo drei Elemente A, B, C eine Gemeinschaft bilden, kommt zu der unmittelbaren Beziehung, die z. B. zwischen A und B besteht, die mittelbare hinzu, die sie durch ihr gemeinsames Verhältnis zu C gewinnen. (aus: Georg Simmel 1908, S. 68)

Im Zusammenhang mit der Interpretation von Netzwerken ist bedeutend, dass sich mit dem Übergang von der Dyade zur Triade nicht nur ein Zuwachs um einen Teilnehmer, nein auch ein qualitativer Sprung hinsichtlich der strukturellen Möglichkeiten einstellt. Simmel (1908, S. 121) schreibt:

> In jedem Fall hebt sich die Verbindung zu dreien von der zu zweien als ein völlig neues Gebilde ab.

Soziologisch gesehen handelt es sich beim Sprung von der Dyade zur Triade um ein emergentes Phänomen. Das besondere nun ist nicht nur, dass es mehr als zwei Teilnehmer sind, sondern, dass mit diesen Dreien bereits eine ganze Anzahl unterschiedlicher Beziehungskonstellationen möglich wird. Diese kommen relativ oft vor und sind nur typisch für die Triaden.

> Die Dreizahl als solche scheint mir dreierlei typische Gruppierungsformen zu ergeben, die einerseits bei zwei Elementen nicht möglich sind, andererseits bei einer Mehr-als-drei-Zahl entweder gleichfalls ausgeschlossen sind oder sich nur quantitativ erweitern, ohne ihren Formtypus zu ändern. (Simmel 1908, S. 125)

Die neuen Strukturen, welche nun ermöglicht werden, und die Simmel bereits nennt, sind:

1. Der Unparteiische und der Vermittler (Simmel 1908, S. 125–134)
2. Der Tertius gaudens (Simmel 1908, S. 134–143)
3. Divide et impera. (Simmel 1908, S. 143–159)

Hinzu kommt, dass die Dreierformation bereits über eine deutlich größere strukturelle Stabilität als die Dyade verfügt. So ist nach Austritt eines der Teilnehmer immer noch ein Grundgerüst übrig. Allerdings ist dieses dann der besonderen Eigenschaften beraubt.

> So sehr es [das Verhältnis von zweien] nämlich Dritten gegenüber als selbständige, überindividuelle Einheit erscheinen mag, so ist das doch in der Regel für seine Teilnehmer nicht der Fall, sondern jeder sieht sich eben nur dem andern, aber nicht einer über ihn hinausreichenden Kollektivität gegenüber. ... Der Austritt jedes einzelnen würde das Ganze zerstören, so dass es nicht zu jenem überpersönlichen Leben desselben kommt, dass der einzelne als von sich unabhängig fühlt; wogegen selbst schon bei einer Vergesellschaftung von dreien bei Ausscheiden eines einzelnen noch immer eine Gruppe weiter bestehen kann. (Simmel 1908, S. 101)

Simmels Text zur quantitativen Bestimmtheit der Gruppe, in dem er auch Dreierkonstellationen thematisiert, ist sehr bedeutend. Hierauf geht beispielsweise die Benennung einer Beziehung, in der drei Personen in gleicher Weise, also jeder mit jedem gegenseitig in Beziehung steht, zurück. In der Netzwerkforschung nennt man eine solche Konstellation eine Simmelsche Beziehung oder „Simmelian Tie" (Krackhardt 1998, 1999). Diese Mikrokonstellation im Netzwerk gilt als besonders stabil. Auf Simmelsche Beziehungskonstellationen gehen wir später noch einmal ein.

Allerdings können wir in diesem Buch keinen tieferen Einblick in die Analyse der verschiedenen Triadenformationen geben. Ein ganzer Teilbereich der Netzwerkforschung befasst sich mit der Analyse von Dreierkonstellationen[2]. Für die Zwecke unserer Einführung sollen die gegebenen Hinweise jedoch genügen.

Von diesen beiden Grundformationen (Dyaden und Triaden) ausgehend, soll nun gezeigt werden, wie man Beziehungen graphisch darstellt.

1.5 Dekomposition in dyadische Beziehungen

Was sind nun mögliche analytische Grundelemente von Netzwerken? Es scheint natürlich zu sein, ein Netzwerk gedanklich in Dyaden zu zerlegen. Und das ist tatsächlich auch der Ansatz, mit dessen Hilfe ein Netzwerk einfach zu modellieren ist. Aber in Wirklichkeit besteht unsere soziale Umwelt zweifellos nicht bloß aus einer Anhäufung von Paarbeziehungen. So erkennen wir z. B. Freundschaftscliquen, bei denen jedes Mitglied mit allen anderen befreundet ist, als eigenständige soziale Objekte. Die zehn Freundschaftsbeziehungen einer aus fünf Personen bestehenden Clique haben sicherlich eine ganz andere soziale Bedeutung als zehn paarweise Freundschaftsbeziehungen ohne eine solche übergeordnete Struktur.

Dennoch wählen wir die Dyade als Grundelement unseres Modells eines Netzwerks aus. Das macht das Modell nicht nur einfach, sondern es existiert auch eine mathematischen Struktur, mit dem man dieses formal beschreiben kann. Diese mathematische Struk-

---

[2] Siehe Heider (1958); Davis und Leinhardt (1972); Davis (1977); Burt (1990); Hummell und Sodeur (2010).

Abb. 1.1 Dyadische Beziehungen

tur nennt man einen Graphen. Mit unserem Modell der dyadischen Zerlegung gewinnen wir einerseits etwas, nämlich ein einfaches Netzwerkmodell, wir verlieren aber auch etwas, nämlich den *direkten* Zugang zu Strukturen, die aus mehr als zwei Akteuren bestehen. Diesen Zugang müssen wir uns erst mit Hilfe der Graphentheorie wieder verschaffen.

Visualisiert wird eine dyadische Beziehung durch eine Linie (bzw. einen Pfeil), durch die (bzw. den) zwei Punkte miteinander verbunden werden (vgl. Abb. 1.1). Die Punkte symbolisieren die Akteure und die Linie (bzw. der Pfeil) die Beziehung zwischen diesen. In der Sprache der Graphentheorie werden die Punkte Knoten genannt und die Linien (bzw. Pfeile) Kanten. Im Falle der Linien spricht man auch von ungerichteten Kanten und im Falle der Pfeile von gerichteten Kanten. Linien visualisieren ungerichtete Beziehungen und Pfeile gerichtete.

1.6 Dekomposition in triadische Beziehungen

Eine weitere Grundkonstellation ist die Triade. Unter einer Triade verstehen wir ein sog. Tripel von Akteuren mitsamt den zwischen ihnen bestehenden Beziehungen. Ein beliebig ausgewähltes Tripel von Akteuren kann natürlich auch aus drei Akteuren bestehen, die überhaupt nicht miteinander in Beziehung stehen oder bei denen ein Akteur in keiner Beziehung zu den beiden anderen steht. Diese Fälle wollen wir zunächst außen vor lassen und nur Triaden betrachten, bei denen (hinsichtlich der betrachteten Relation) alle möglichen Beziehungen zwischen den drei Akteuren auch tatsächlich realisiert sind. Solche Triaden nennt man vollständig.

In vollständige Triaden eingebettete Dyaden gelten als besonders stabile Beziehungen. Sie werden eingebettete Beziehungen, Simmelsche Beziehungen oder simmelian ties genannt (Krackhardt 1998, 1999). Insbesondere bei der Analyse großer Netzwerke spielen vollständige Triaden eine wichtige Rolle, weil man mit ihrer Hilfe auf einfache Weise den Grad der Verbundenheit in einem Netzwerk quantifizieren kann.

Es ist eine interessante Idee, die Triade neben der Dyade als ein Grundelement eines Netzwerkmodells zu betrachten. Eine Triade im oben beschriebenen Sinne (dazu auch Abb. 1.2) besteht aus drei Dyaden. Die strukturellen Möglichkeiten einer Triade lassen sich nicht aus der Summe strukturellen Möglichkeiten der sie bildenden Dyaden ableiten. Eine Triade ist demzufolge eine emergente Struktur, also mehr als die Summe ihrer Teile.

Abb. 1.2 Darstellung einer (vollständigen) Triade

Ein „simmelian tie" ist eine Struktur, in der drei Knoten wechselseitig miteinander verbunden sind.

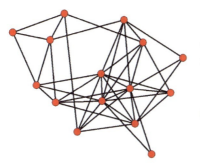

Es werden nur bestehende Beziehungen eingezeichnet. Das Netzwerk lässt sich vollständig in Dyaden zerlegen. Nicht zwischen jedem möglichen Paar muss eine Beziehung bestehen.

Man kann auch auszählen, wie viele geschlossene Triaden vorkommen.

Abb. 1.3 Darstellung eines Netzwerks

Gleichzeitig bilden Triaden das Skelett cliquenartiger Gebilde und bieten damit einen Zugang zu Strukturen oberhalb der Paarbeziehungen[3].

Eine wichtige Rolle spielen Triaden auch bei allen Modellen, die auf der Balancetheorie von Heider (1958) und den strukturtheoretischen Überlegungen von Davis und Leinhardt (1972) aufsetzen.

1.7 Netzwerk und Graph

Ein Netzwerk kann man durch eine mathematische Struktur modellieren, die man „Graph" nennt. Oft werden die Begriffe Netzwerk und Graph synonym verwendet. Ein Beispiel für ein Netzwerk zeigt die Abb. 1.3.

1.8 Was ist ein Netzwerk?

Die in der Netzwerkforschung wohl bekannteste, aber nicht umfassende Definition stammt von Wasserman und Faust (1997, S. 20): Ein soziales Netzwerk besteht aus einem endlichen Set oder Sets aus Akteuren und der durch diese definierten Relation oder Relationen[4].

---

[3] Der Anteil solcher Substrukturen wird als Clustering Koeffizient gemessen (z. B. Watts und Strogatz 1998).

[4] A social network „consists of a finite set or sets of actors and the relation or relations defined on them. The presence of relational information is a critical and defining feature of a social network."

Trappmann et al. (2005, S. 246) definieren Netzwerke ein klein wenig weniger formal, aber mit einem ganz ähnlichen Ergebnis:

> Ein soziales Netzwerk besteht aus einer Menge von (individuellen oder korporativen) Akteuren und den zwischen den Akteuren bestehenden Beziehungen.

Das „Set" oder die „Menge von Akteuren" kann man als geschlossenes Netzwerk oder Gesamtnetzwerk betrachten (manchmal etwas despektierlich „networks in a box" genannt). Es berücksichtigt insbesondere nicht die Forschungsrichtung der egozentrierten Netzwerke.

Netzwerke im bisher verwendeten Sinne werden als Graphen modelliert. Ein Graph besteht aus einer endlichen Menge von Objekten (Knotenmenge) und einer Menge von (dyadischen) Beziehungen zwischen den Knoten (Kantenmenge). Die Bezeichnungen Knoten und Kante rühren von der Visualisierung von Netzwerken her: die Knoten werden dabei als Punkte und die Kanten als Linien (oder Pfeile) dargestellt.

1.9 Gesamtnetzwerk oder Teilnetzwerk?

Man kann zwischen Gesamtnetzwerk und Teilnetzwerk unterscheiden. Ein Gesamtnetzwerk[5] umfasst alle Akteure (Schweizer 1996, S. 37). Hiervon unterscheidet man Bereiche hieraus als Teilnetzwerk, z. B. die persönlichen Beziehungen einzelner Akteure (Schweizer 1996, S. 37), die man auch persönliche Netzwerke nennt. Ein Gesamtnetzwerk umfasst natürlich nicht „alle Akteure" auf der Welt, wie man annehmen könnte, wenn man Harrison Whites (1995) Diktum wörtlich nähme. Er behauptet ja „Networks have no boundaries". Meist muss der Forscher Grenzen konstruieren oder er nutzt bereits äußerlich festgelegte Grenzziehungen (Homans 1960), wie wir sie von Organisationen kennen. So werden Schulklassen oft als begrenzte Menge von Akteuren angesehen, deren Gesamtnetzwerk sich leicht erfassen lässt. Homans hat gezeigt, dass solche äußerlich konstruierten, z. B. durch die Organisation der Arbeit vorgegebenen Grenzen von großer Bedeutung für das Entstehen von Beziehungen sind, wie etwa die klassische „Bank Wiring Room"- Studie (Homans 1960) belegt. Allerdings lässt sich auch zeigen, dass solche Grenzen nicht unbedingt das Universum der Beziehungen festlegen. Am Beispiel von Schulklassen (Friemel

---

(Wasserman und Faust 1997, S. 20) „A social network arises when all actors can, theoretically, have ties to all relevant actors" (Wasserman und Faust 1997, S. 42).

[5] Nicht alle Definitionen stimmen überein. Barnes (1969, hier zitiert nach Kähler 1975), der sich noch nicht so stark an der formalisierten Netzwerkanalyse orientierte, definiert Gesamt- und Teilnetzwerk stärker aus der inhaltlichen Forschungsperspektive: Ein Gesamtnetzwerk („total network") enthält so viel Information wie möglich über die Gesamtheit des sozialen Lebens der Gemeinschaft, die es beschreibt. Barnes nennt dies eine „first order abstraction from reality", was schon darauf hindeutet, dass dieses Konzept kaum operationalisierbar ist. Ein partielles Netzwerk („partial network") nach Barnes ist ein Auszug aus einem Gesamtnetzwerk hinsichtlich eines Beziehungstyps (engl. „type of tie"), dass auf das Gesamtnetzwerk als Ganzes anwendbar ist. Gesamtnetzwerke sind danach durch Multiplexität gekennzeichnet, partiale Netzwerke durch Uniplexität.

und Knecht 2009) kann man sehen, dass wesentliche Beziehungen über die Klassengrenzen hinausreichen.

1.10 Persönliche Netzwerke

Wie bereits angedeutet, lassen sich persönliche Netzwerke (ego-Netzwerke) aus einem Gesamtnetzwerk herausgreifen. In einem solchen Fall betrachtet man das soziale Umfeld einer Schlüsselperson (Schweizer 1996, S. 169). Nach Barnes (1969) kann man nun unterscheiden zwischen „ego"-Sternen und „ego"-Zonen. Der ego-Stern umfasst alle mit „ego" in Beziehung stehenden Knoten („alteri"). Siehe hierzu das mittlere Bild der folgenden Abbildung.

Die ego-Zone wird definiert durch alle mit „ego" in Beziehung stehenden Knoten („alteri") und deren Beziehungen untereinander. Dies ist beispielhaft im unteren Bild der folgenden Abb. 1.4 dargestellt. Siehe hierzu den unteren Teil der folgenden Abbildung.

In der Abbildung werden nur 1st order Beziehungen gezeigt. Man kann die untersuchten Beziehungen aber erweitern, in dem man „1st-, 2nd-, 3rd- … order stars" oder „1st-, 2nd-, 3rd- … order zones" untersucht. Bei letzteren werden dann die Kontakte der Kontakte (2nd order, etc.) in die Untersuchung mit einbezogen.

1.11 Grenzenlosigkeit von Netzwerken und unscharfe Grenzen

Zur Frage, ob man es mit einem Gesamt- oder Teilnetzwerk zu tun hat, gehört auch die Frage nach der Begrenzung von Netzwerken. Diese wurde bereits angesprochen. Wo hört ein Netzwerk auf? Gibt es überhaupt eine Grenze? Wenn man zurück tritt und sich soziale Beziehungen anschaut, so ist es in der Tat sehr schwer Grenzen auszumachen. Das bedeutet, dass man eigentlich immer nur einen Teil, einen Ausschnitt eines größeren Beziehungsgeflechts untersuchen kann.

Die Abb. 1.5, die ebenfalls Barnes entnommen wurde, zeigt graphisch, dass hier ein Ausschnitt aus einem größeren Beziehungsgeflecht untersucht wird. Nach einigen Untersuchungen, etwa denen von Milgram (1967) und einer ganzen Reihe von Folgeuntersuchungen (z. B. Dodds et al. 2003) scheint es, trotz aller Kritik (z. B. Kleinfeld 2002), naheliegend, dass über einen kleinen Ausschnitt hinausgehende Verbindungen existieren und die Welt eine Art erweitertes Dorf darstellt. Die Untersuchungen sind vielfach kritisiert worden und es ist sehr unwahrscheinlich, dass man das Ergebnis, jeder sei mit jedem über eine Anzahl von Schritten verbunden (sieben), tatsächlich „beweisen" kann[6]. Der ange-

---

[6] Darüber, ob sieben Schritte wenig sind, kann man gut streiten. Wahrscheinlich kommt es uns nur so wenig vor, weil wir über keine Sensorik verfügen, uns die zugrunde liegende potenzgesetzliche mathematische Grundlage vorzustellen. Wieviele Menschen wir im Durchschnitt kennen, ist nicht leicht bestimmbar. Gehen wir aber davon aus, dass jeder gegenüber einem Vorgänger in einer Kette nur 25 Menschen kennt, die der andere nicht kennt, so kommen wir bei sieben Stationen bereits auf über 6 Mrd. Menschen. Hieran sieht man, was eine Potenz tatsächlich bedeutet.

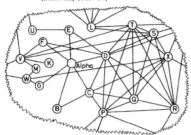

ABB. 1 Ausschnitt aus einem „total network" (nach (BARNES, 1969: 57)

Die Abbildung zeigt einen Ausschnitt aus einem Gesamtnetzwerk.

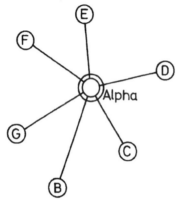

ABB. 2 „first order star" von Alpha (nach BARNES, 1969: 59)

Der „first order star" bildet lediglich die persönlichen Beziehungen des Akteurs „Alpha" ab.

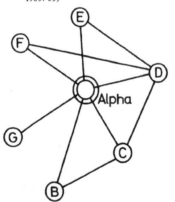

ABB. 3 „first order zone" von Alpha (nach BARNES, 1969: 59)

Die „first order zone" umfasst darüber hinaus die Beziehungen zwischen den mit dem Akteur „Alpha" verbundenen Akteuren.

Barnes (1969: 51-76); Graphiken aus Kähler (1975)

Abb. 1.4 Der Zusammenhang zwischen Gesamtnetzwerk, ego-Stern und ego-Zone. (Abbildungen aus Kähler 1975, S. 284)

Abb. 1.5 Grenzenlosigkeit von Netzwerken (Barnes 1969, zitiert aus Kähler 1975, S. 284). Die gezackte Linie symbolisiert, dass es sich um einen Ausschnitt aus einem größeren Netzwerk handelt

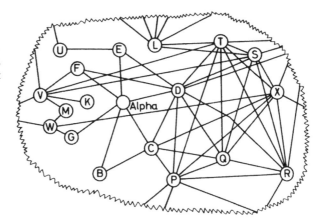

nommene Zusammenhang ist jedoch zu einer Art „urbanem Mythos" (Kleinfeld 2002) geworden. Es wurde ein Theaterstück (John Guare 2010, zuerst 1990) mit dem Titel „Six Degrees of Separation" verfasst, dieses wurde auch verfilmt. Es scheint so, als wäre es eine sehr interessante Vorstellung, auf einer Welt zu leben, die tatsächlich viel enger ist, als wir es uns lange vorgestellt haben. Eine Untersuchung versuchte im Jahr 2008 am Beispiel des damals sehr verbreiteten personalen Kommunikationssystems MSN von Microsoft, die kurze Länge der Verbindungen nachzuweisen. Obgleich das Netzwerk ziemlich groß war, war die Zahl der notwendigen Schritte, um es zu durchmessen, relativ klein (Leskovec und Horvitz 2008).

Für einen Forscher ist es oft schwer zu entscheiden, wo die Grenze des Stückes sein soll, welches aus dem Beziehungsgeflecht herauszuschneiden ist. Aus diesem Grunde hält man sich oft an eine Begrenzung formaler Art. Hiermit sind äußere Grenzen gemeint.

1.12 „Network in a box"

Die hier behandelten Beispielnetzwerke lassen sich alle diesem Typus „network in a box" zuordnen. Die Popularität der Untersuchung begrenzter Netzwerke, etwa Schulklassen, Abteilungen in Organisationen, Arbeitsgruppen, Seminarteilnehmer u. ä., beruht auf mindestens zwei ganz unterschiedlichen Gründen. Der erste Grund ist, dass Netzwerkberechnungen für die frühe Phase der Möglichkeiten der Datenverarbeitung aufgrund hoher Speicheranforderungen technisch begrenzt waren. Für eine Reihe von Programmen und Algorithmen (etwa kombinatorische Algorithmen) in der Blockmodellanalyse gilt das heute noch, auch für Tom Snyders – Siena Programm, Ripley und Snijders (2011). Man konnte einfach nur eine relativ kleine Zahl an Knoten in die Berechnungen einbeziehen. Heute kennt man effizientere Algorithmen und verfügt über größere Rechen- und Speicherkapazitäten, sodass dieses Argument nur noch teilweise gelten kann.

Abb. 1.6 Die Abbildung zeigt ein Beispiel für ein durch äußere Begrenzung abgeschlossenes Netzwerk. (Abb. aus Kähler 1975, S. 284 modifiziert)

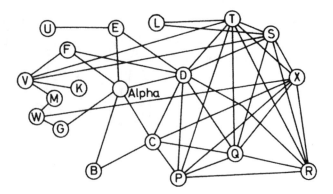

Der zweite Grund ist ein inhaltlicher. Wie an den Beispielen ersichtlich, sind die Teilnehmer, deren Beziehungen untersucht werden sollen, sehr oft in einem Raum oder sie sind zumindest in räumlicher Nähe. Sie interagieren häufig, stehen in Arbeitszusammenhängen, in Hierarchiebeziehungen und meist sehen sie sich gegenseitig. In solchen äußerlich errichteten Strukturen (formalen), werden jeweils eigene Beziehungsmuster ausgebildet. Diese entstehen in Aushandlungen, in denen gemeinsames Wissen über das Verhalten von anderen in bestimmten Situationen und deren formaler Status mit einfließen. Die Geschichte der Soziologie ist voll von klassischen Untersuchungen, in denen gezeigt werden konnte, wie Beziehungen unter diesen Bedingungen strukturiert sind. Aufgrund dieser Anordnung lassen sich auf theoretischer Ebene eine ganze Menge an Hypothesen bilden, die nun überprüft werden können. Hinzu kommt, dass Netzwerke in solchen geschlossenen Einheiten (vgl. Abb. 1.6) leicht zu erheben sind und man über Informationen hinsichtlich der Attribute der Teilnehmer verfügt oder diese ebenfalls einfach während der Erhebung abfragt.

Der hierfür verwendete Begriff „network in a box" stammt, so teilt es Charles Kadushin (2005, S. 3) mit, von Russel Bernhard. Allerdings ist klar, dass die Netzwerke nicht an den auf diese Weise konstruierten äußeren Grenzen halt machen. Jeder Schüler besitzt auch Beziehungen außerhalb der Schulklasse, jede Angestellte ist in ein Privatleben eingebunden, welches oft strikt von der Arbeitswelt abgetrennt wird. Dennoch bieten sich Untersuchungen solcher Netzwerke an und helfen dabei, viel über Sozialbeziehungen zu lernen.

Laumann et al. (1992) unterscheiden zwischen einem „realistischen" und einem „nominalistischen" Ansatz. In der „realistischen" Vorgehensweise wird die Sicht der Akteure selbst als Ausgangspunkt genommen. D. h. das Netzwerk wird in dem Sinne als sozialer Fakt angesehen, soweit es von den Akteuren selbst gesehen werden kann. Solche Probleme der Abgrenzung findet man bereits in der der Netzwerkforschung vorangehenden Gruppensoziologie. Hier verweist Merton (1957, S. 286) darauf, dass es den Gruppenmitgliedern schwer fällt, eindeutige Grenzen auszumachen. Dem widerspricht allerdings Freeman (1992, S. 118), der damit der realistischen Begrenzung das Wort redet:

> It is apparent, then, that humans are able to perceive, record, and report accurately on who interacts with whom among the people around them.

Beim nominalistischen Ansatz hingegen stellt der Forscher thematische und konzeptionelle Erwägungen in den Mittelpunkt. Diese ergeben sich ausschließlich aus den Erkenntniszielen der Netzwerkanalyse.

Das Problem der Grenzziehungen bzw. deren Konstruktion sollte deutlich geworden sein. Eine ganze Reihe von Publikationen beschäftigt sich damit, z. B. die Aufsätze in dem von Roger Häußling herausgegebenen Buch: Grenzen von Netzwerken (Häußling 2009). Für diejenigen, die sich näher damit beschäftigen wollen, haben wir den folgenden Kasten eingefügt:

> **Problem der Grenzbestimmung von Netzwerken**
> Ed Laumann et al. (1992, S. 65): *In the realist approach, the investigator adopts the presumed vantage point of the actors themselves in defining the boundaries of social entities. That is, the network is treated as a social fact only in that it is consciously experienced as such by the actors composing it ...*
>
> *The second major approach used to define network closure is the nominalist perspective on social reality. Here, an analyst self-consciously imposes a conceptual framework constructed to serve his or her own analytic purposes. Delineation of network boundaries is analytically relative to the purposes of the investigator, and thus network closure has no ontologically independent status.* (Laumann et al. 1992, S. 66)
>
> Auch Harrison White (1995, S. 1039) beschäftigt sich mit dem Problem der realistischen und nominalistischen Bestimmung von Netzwerkgrenzen. Hier ein viel beachtetes Zitat:
>
> *Although any given event, or observation, may seize part of a network as being a separate distinct group, networks do not have boundaries.*
>
> Atha Karafilidis (2009, S. 105 f., Fn. 1) ordnet die beiden Statements unter einer systemtheoretischen Betrachtung folgendermaßen ein:
>
> *Diesbezüglich erwähnt werden muss ferner der klassische Vorschlag der empirischen Netzwerkforschung, nominalistische von realistischen Grenzdefinitionen zu unterscheiden (Laumann et al.1983), weil es dem systemtheoretisch viel diskutierten Problem entspricht, ob Systemgrenzen analytisch (also durch wissenschaftliche Beobachter) oder empirisch (also durch die wissenschaftlich beobachteten Beobachter) bestimmt sind/werden (sollen) (vgl.u. a. Luhmann 1984, S. 246 f. und passim). Bekanntlich hat die Kybernetik zweiter Ordnung hier eine Entscheidung für die empirische Bestimmung erzwungen, indem sie die Systemtheorie von einer Untersuchung beobachteter auf eine Untersuchung beobachtender Systeme umgestellt hat (von Foerster 1993). Diese Umstellung führte zu der Einsicht, dass selbst eine analytische/nominale Grenzbestimmung nur empirisch/real erfolgen kann. Legt man dies zu Grunde, kann auch für Netzwerke die Alternative nominalistisch versus realistisch nicht mehr maßgebend sein und wird ersetzt durch die Anweisung, (wissenschaftliche und nicht-wissenschaftliche) Beobachter dabei zu beobachten, wie sie Grenzen ziehen – und beobachten (vgl. auch Vobruba 2006).*

Erhebung von Netzwerkdaten

2.1 Befragung – network in a box

Die wahrscheinlich am häufigsten angewendete Methode zur Erfassung von Beziehungen in einem Netzwerk ist die Befragung. Meist geschieht diese mittels eines Fragebogens. Die Antworten der einzelnen Befragten lassen sich in einem begrenzten Umfeld (network in a box) zu einem Gesamtnetzwerk zusammensetzen. Man kann in solchen Fällen auch überprüfen, ob Angaben über eine Beziehung einseitig sind oder die Beziehung erwidert wird. In großen Bevölkerungsumfragen lassen sich die Angaben Einzelner nicht zu einem Gesamtnetzwerk zusammensetzen.

2.2 Repräsentative Befragungen – egozentrierte Vorgehensweise

Beim „network in a box"-Vorgehen werden Fragen zu den Beziehungen der Teilnehmer zu den anderen Akteuren im begrenzten Netzwerk gestellt. Im Falle einer Bevölkerungsumfrage kann daraus kein Gesamtnetzwerk konstruiert werden. Es bleiben dann „Inseln" (first order zones) von persönlichen Beziehungen, die man erhebt und deren Struktur analysierbar ist. Bei der Erhebung geht es nun darum, ein solches Netzwerk zu erzeugen. Instrumente, mit denen man das machen kann, nennt man „Netzwerk- oder Namensgeneratoren". Der wahrscheinlich bekannteste Namensgenerator ist der, den Burt entwickelte und der zuerst im GSS (im General Social Survey)[1] 1985 erhoben wurde. Im Jahre 2004 wurde der Namensgenerator im GSS repliziert.

---

[1] Der GSS ist das Pendant zum in Deutschland bekannten ALLBUS.

Namensgenerator: Mit wem haben Sie in den letzten sechs Monaten über wichtige persönliche Angelegenheiten gesprochen?[2]

Für die Konstruktion dieses Generators war es wichtig, dass er möglichst kurz ist, denn bei einer so großen Mehrthemenbefragung wie es der GSS ist, kostet jede Frage sehr viel Geld.

Dies ist anders, wenn es sich um ein eigenes Forschungsprojekt mit Netzwerkforschungshintergrund handelt. Dies ist in der Studie von McCallister und Fischer (1978, S. 137) der Fall gewesen. Dort wurde das Netzwerk, bzw. Kontakte mit einer ganzen Batterie an Namensgeneratoren erfasst. Die verwendeten Fragen lauten[3]:

1. Wer kümmert sich um Ihre Wohnung, wenn Sie für längere Zeit unterwegs sind?
2. Mit wem sprechen Sie über ihre Arbeit?
3. Wer hat Ihnen in den letzten drei Monaten im Haushalt geholfen?
4. Mit wem unternehmen Sie soziale Aktivitäten? (z. B. zum Abendessen einladen, ins Kino gehen)
5. Wenn Sie unverheiratet sind, wer ist ihr/e Lebenspartner/in oder ihr „bester Freund" bzw. ihre „beste Freundin"?
6. Mit wem sprechen Sie über Ihre Hobbys?
7. Mit wem sprechen Sie über persönliche Probleme?
8. Wessen Rat nehmen Sie bei wichtigen Entscheidungen an?
9. Von wem würden oder könnten Sie sich eine größere Geldsumme leihen?
10. Welche erwachsenen Personen leben in Ihrem Haushalt?

2.3 Gemeinsame Erarbeitung von Netzwerken

Eine weitere Erhebungsmethode, die ähnlich einer Befragung funktioniert, ist die kollaborative Erarbeitung von Netzwerk-Graphen, wie man dies etwa bei („VennMaker" oder „netmap") tut.

---

[2] „From time to time, most people discuss important personal matters with other people. Looking back over the last 6 months ... who are the people with whom you discussed an important personal matter? Please just tell me their first names or initials." (Record names in the order listed by respondent and record total number of people named. If fewer than five names are given, probe: Anyone else?) (Burt 1984, S. 331).

[3] The ten name-eliciting questions we used cover the following topics: who would care for the respondents' homes if they went out of town; if they work, with whom they talk about work decisions; who, if anyone, had helped with household tasks in the last 3 months; with whom they engaged in social activities (like inviting home for dinner, or going to a movie); who they talk with about hobbies; if unmarried, who their fiancé(e) or „best friend" is; with whom they talk about personal worries; whose advice they consider in making important decisions; from whom they would or could they borrow a large sum of money; enumeration of adult members of the respondents' households.

Respondents can name as many people as they wish in response to each question. However, interviewers record only the first eight names for each (actually, ten for question 4 and four for question 9). (McCallister und Fischer 1978, S. 137).

> Instrumente zur kollaborativen Erarbeitung von Netzwerken.
> *Zur kollaborativen Erfassung von Netzwerkdaten mit Net-Map http://netmap.files.wordpress.com/2008/04/netmap_brochure.pdf*
> *Zur kommunikativen Erhebung und Validierung persönlicher Netzwerke mit VennMaker* http://www.vennmaker.com/

2.4 Weitere Möglichkeiten der Erhebung von Netzwerken

Netzwerke lassen sich in verschiedenen Settings beobachten. Wenn ein Forscher eine Diskussion beobachtet, so könnte er auf die Idee kommen, zu notieren, wer auf wen antwortet. Oft werden Datenbanken genutzt, um Beziehungen daraus zu konstruieren. Wenn Wissenschaftler zusammen Bücher oder Aufsätze verfassen, dann kann man davon ausgehen, dass dies nur in einer typischen Beziehung möglich wird. Solche Beziehungen werden in der Bibliometrie (Ohly 2010) oder der Scientrometrie (Havemann und Scharnhorst 2010) genutzt. Hieraus lässt sich ein Beziehungstyp (type-of-tie) konstruieren, mit dem man arbeiten kann. Ähnliches gilt, wenn verschiedene Autoren in der Wikipedia an einem Artikel zusammen gearbeitet haben – auch diese Informationen findet man in der Wikipedia Datenbank. Um die Daten nutzen zu können, müssen sie aber zunächst aufbereitet werden (Stegbauer 2009). Auch das gemeinsame Ausüben von Aufsichtsratsmandaten in großen Unternehmen kann man auf diese Weise erfassen (z. B. Scott 1990; Krenn 2012).

Während gemeinsames Verfassen von wissenschaftlichen Schriften meist ein relativ enges Verhältnis voraussetzt, gilt dies nicht unbedingt für die gemeinsame Autorenschaft von Wikipedia-Artikeln. Dort kann die Zusammenarbeit auch anonym und in großem zeitlichem Abstand erfolgen. Wir haben es bei den hier genannten Beispielen mit sog. bimodalen Netzwerken zu tun. Hierbei sind die Akteure über ein „Ereignis" verbunden. Als ein solches Ereignis fasst man auch den wissenschaftlichen Artikel oder den Aufsichtsrat auf. Ein Merkmal dieser Art der Beziehungskonstruktion ist es, dass man als Außenstehender nicht ganz genau über die Art der Beziehung Bescheid weiß. Allerdings geben die jeweiligen Ereignistypen mit deren Hilfe die Beziehung konstruiert wird, Hinweise darauf, wie sehr eine Beziehung „erzwungen" wird[4].

In Wikipedia, wie in strukturell verwandten internetbasierten Kommunikationsforen, lässt sich Genaueres über die Struktur der Beziehungen sagen, weil diese häufig im Aufbau der unterliegenden Datenbanken berücksichtigt ist. So sind Beiträge nicht nur chronologisch, sondern auch thematisch geordnet.

Handelt es sich tatsächlich um Ereignisse, im Sinne von Zusammentreffen von Personen in bestimmten Situationen, dann sind diese für soziologische Theoriebildung von

---
[4] Eine Diskussion solcher Beziehungsdefinitionen findet sich in Stegbauer (2013).

starkem Interesse. Hierüber kann beispielsweise die Entstehung und Verbreitung von Kultur, bzw. kulturellen Versatzstücken, also etwa Wissen, Verhalten, Konsummuster, erklärt werden (Swidler 1986; Mische und White 1998; Stegbauer 2012b, c).

2.5 Verbreitete Software zur Analyse von Netzwerken

Hier im Buch wird speziell auf das Programm *NetDraw* eingegangen. Der Umgang mit diesen Programmen lässt sich relativ leicht erlernen. Das ist für uns das wichtigste Argument dafür, dass wir in diesem Buch diesem Programm den Vorzug geben. Allerdings ist es noch immer nicht wirklich auf dem Stand professioneller Programme. Es ist mit zahlreichen Fehlern behaftet:

NetDraw: Graph Visualization Software Borgatti, Steve P. (2002) Harvard, MA: Analytic Technologies. http://www.analytictech.com/downloadnd.htm

Zur Analyse und zur Visualisierung von Netzwerken gibt es eine Reihe anderer Programme:

(Schwesterprogramm zu NetDraw) Ucinet for Windows: Software for Social Network Analysis Borgatti, Steve P., Everett, Martin G. and Freeman, Linton C. (2002) Harvard, MA: Analytic Technologies. https://sites.google.com/site/*UCInet*software/home

Hinweis zur Installation von *UCInet* auf Macs: https://sites.google.com/site/*UCInet*software/document/faq/running*UCInet*onamacunderwine

E-Net Borgatti, Steve P. (2006) E-Network Software for Ego-Network Analysis. Analytic Technologies: Lexington, KY. https://sites.google.com/site/ enetsoftware1/Home

Bei E-Net handelt es sich um ein Programm zur Analyse von Ego-Netzwerken.

Pajek – Program for Large Network Analysis Batagelj, Vlado und Mrvar, Andrej (2009) University of Ljubljana. http://vlado.fmf.uni-lj.si/pub/networks/pajek/

Das Programm Pajek setzt den Schwerpunkt auf Visualisierung. Es ist aber auch sehr mächtig bei der Analyse und insbesondere für große Netzwerke geeignet.

Visone Brandes, Ulrik; Wagner, Dorothea und das Visone-Team. Universität Konstanz und Karlsruher Institut für Technologie (KIT). http://visone.info/index.html

Visone ist eine Java-Applikation und läuft auch auf Macs und unter Linux, sowie über das Internet mit Hilfe eines Webbrowsers. Auch bei diesem Programm liegt der Schwerpunkt auf Visualisierung. Es können komplexere Zusammenhänge dargestellt werden, als mit dem hier behandelten *NetDraw*.

yEd Graph Editor yWorks GmbH, Tübingen. http://www.yworks.com/de/products_yed_about.html

yEd ist eine Java-Applikation und läuft auch auf Macs und unter Linux, sowie über das Internet mit Hilfe eines Webbrowsers. yEd besitzt keine analytischen Fähigkeiten. Es ist aber sehr mächtig, was die Visualisierungsmöglichkeiten angeht. Vieles muss manuell eingestellt werden.

Gephi Gephi Consortium. https://gephi.org/

Gephi ist eine interaktive Plattform vor allem zur Visualisierung von Netzwerken. Das Programm ist aufgrund von Apps in Facebook ganz gut nutzbar, um das eigene Netzwerk darzustellen. Die Anwendungsmöglichkeiten gehen aber weit darüber hinaus. Es läuft auf Windows, Linux und Mac OSX. Es kostet nichts und ist open source.

2.6 Weitere Informationen

Vereinigung der Netzwerkforscher/innen auf internationaler Ebene:

International Network for Social Network Analysis (INSNA) http//www.insna.org/

Deutschsprachige Netzwerkforscher haben sich in einer Sektion für Netzwerkforschung der Deutschen Gesellschaft für Soziologie zusammengeschlossen. Wichtige Informationen für den deutschsprachigen Bereich werden über die Mailingliste dieser Sektion weitergegeben. Der Anspruch ist genauso wie in der INSNA interdisziplinär. Man kann sich hier selbst eintragen:

https://dlist.server.uni-frankfurt.de/mailman/listinfo/sna-de

Netzwerkbegriff, Darstellung und Systematik von Graphen, Analyseebenen

3

Zunächst einmal befassen wir uns mit dem Netzwerkbegriff selbst und Möglichkeiten seiner Operationalisierung. Wir zeigen noch einmal auf, aus welchen Elementen Netzwerke bestehen, erklären, wie Netzwerke dargestellt werden und versuchen, verschiedene Typen zu systematisieren. Schließlich lenken wir den Blick auf unterschiedliche Analyseebenen.

Zunächst einmal unterscheiden wir zwischen unimodalen und bimodalen Netzwerken. In unimodalen Netzwerken stellt man Beziehungen zwischen Paaren von Akteuren dar. Beispiele wären:

A ist mit B befreundet.
A erhält Unterstützung von B.

Formal werden in Netzwerken auch Beziehungen zwischen größeren Einheiten, etwa Cliquen, aufgelöst in solche „Paarbeziehungen". In einer Clique steht jeder mit jedem in Kontakt, was bedeutet, dass bei einer Clique aus vier Personen, sechs (bei fünf Personen zehn, bei sechs 15 Beziehungen usw.) unterschiedliche Paarbeziehungen registriert würden. Erst durch die Darstellung der Struktur dieser Paare, also in der Zusammenschau der verschiedenen Beziehungen, wird die Cliquenformation erkennbar.

Ein anderer Typ von Netzwerken stellen sog. bimodale Netzwerke oder Affiliationsnetzwerke dar. Hier werden Beziehungen zwischen Akteuren und Ereignissen aufgezeichnet. Der Begriff „Ereignisse" ist sehr weit gefasst. Es kann sich um Veranstaltungen, um Gremien, um Diskussionsthemen, Aufsichtsratsmitgliedschaften oder noch allgemeiner, sogar einfach um gleiche Merkmale handeln, die die Akteure miteinander teilen.[1]

Zunächst wollen wir uns mit dem ersten Typus, dem der unimodalen Netzwerke befassen.

---

[1] Grundlagenliteratur und Beispiele zu bi- oder multimodalen Netzwerken finden Sie hier: Breiger (1974); Borgatti (2007), Diskussion der Southern Women Studie; für eine trimodale Studie: Mische/Pattison (2000). Freeman (2003) trägt zahlreiche Ergebnisse aus anderen Studien zusammen, die Reanalysen der klassischen Untersuchung der „Southern Women" (Davis, Gardner und Gardner 1941) durchgeführt haben.

3.1 Operationalisierung: Unimodale Netzwerke

3.1.1 Bestandteile eines Graphen

Netzwerke werden als Graphen modelliert. Ein Graph ist ein abstraktes, mathematisches Objekt, das rein formal, d. h. ohne Bezug auf empirische Objekte definiert ist. Graphen bestehen demnach aus

> einer Menge **V** von Objekten und einer Menge **E**, die genau die Paare von Objekten aus V enthält, die miteinander in der betrachteten Beziehung stehen (**E ⊆ V x V**).

Die Menge V heißt die Knotenmenge und die die Menge E die Kantenmenge des Graphen. Beide Mengen zusammen bilden den Graphen. Das cartesische Produkt V × V bedeutet anschaulich die Menge aller möglichen (gerichteten) Beziehungen zwischen den Knoten des Netzwerkes und der ⊆-Operator verweist darauf, dass in der Regel nur ein Teil aller möglichen Beziehungen im Netzwerk auch tatsächlich realisiert ist.

Die mittels eines Graphen modellierten Netzwerke können auf verschiedenerlei Weise dargestellt werden. Eine Möglichkeit ist die bildliche Darstellung. Hierbei werden die Knoten durch Punkte und die Beziehungen zwischen jeweils zwei Knoten als Linien (oder Pfeile) dargestellt.

Neben der 1) bildlichen Darstellung gibt es noch die Möglichkeit, einen Graphen 2) in Mengenschreibweise, 3) in Form einer Liste oder 4) in Form einer Matrix (als quadratisches Schema von Symbolen) zu notieren.

Im Folgenden zeigen wir einige Beispiele verschiedener Typen von Netzwerken. Wir veranschaulichen diese nicht nur durch verschiedene Möglichkeiten der graphischen Abbildung (bildliche Darstellung); wir zeigen auch die dazugehörende Mengenschreibweise auf.

3.1.2 Darstellung von Graphen

Das erste Beispiel ist das eines ungerichteten und unbewerteten Graphen. Nehmen wir als Beispiel sog. Freundschaften aus einer Social Networking Site wie Facebook. Hier muss ein Freundschaftsangebot bestätigt werden, um in Facebook eine Freundschaftsbeziehung zu generieren. Nachdem dies geschehen ist, ist nicht mehr sichtbar, von wem das Freundschaftsangebot ursprünglich ausging. Stattdessen wird nur registriert, wer mit wem befreundet ist. Die Relation ist also ungerichtet. Damit wird das soziale Konzept von Freundschaft als einer symmetrischen Beziehung auf Facebook-Freundschaften technisch abgebildet.

In der Abb. 3.1 sehen wir, dass hier Namen an die Knoten geschrieben wurden, diese sind also mit einem Knotenetikett (engl.: node label) versehen. Die Verbindungen zwischen den Knoten sind als Linien dargestellt, was anzeigt, dass es sich nicht um gerichtete Beziehungen handelt.

3.1 Operationalisierung: Unimodale Netzwerke

1. Bildliche Darstellung

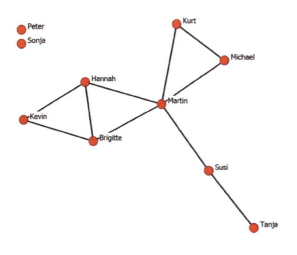

2. Mengenschreibweise

Kantenmenge *E*:

{ (Kevin,Hannah),
(Hannah,Brigitte),
(Hannah,Martin),
(Kevin,Brigitte),
(Brigitte, Martin),
(Martin,Kurt),
(Kurt,Michael),
(Martin,Michael),
(Martin,Susi),
(Susi,Tanja) }

Knotenmenge *V*:

{ Kevin, Hannah, Brigitte, Martin, Kurt, Michael, Susi, Tanja, Peter, Sonja }

Abb. 3.1 Darstellung eines Graphen: Facebookfreundschaften

Abb. 3.2 Soziomatrix (Adjazenzmatrix)

	Brigitte	Hannah	Kevin	Kurt	Martin	Michael	Peter	Sonja	Susi	Tanja
Brigitte		X	X		X					
Hannah	X		X		X					
Kevin	X	X								
Kurt					X	X				
Martin	X	X		X		X			X	
Michael				X	X					
Peter										
Sonja										
Susi					X					X
Tanja									X	

Ein Graph lässt sich auch als Matrix notieren. Bei einem ungewichteten Graphen wird eine solche Matrix auch als Soziomatrix oder Adjazenzmatrix bezeichnet, allgemein nennt man sie Netzwerkmatrix. Für unser Beispiel finden Sie eine Netzwerkmatrix in der folgenden Abb. 3.2. In der Kopfzeile und der Kopfspalte sind die Namen der Facebook-Teilnehmer aufgelistet und zwar jeweils in derselben Reihenfolge. Wenn eine Beziehung zwischen zwei Teilnehmern besteht, wird dies in der Matrix markiert. Die übrigen Matrixfelder bleiben leer. So ist beispielsweise Brigitte mit Hannah, Kevin und Martin auf Facebook befreundet, was durch die Markierungen in der ersten Zeile vermerkt wird. Da die Freundschaftsbeziehung symmetrisch ist, sind auch Hannah, Kevin und Martin mit Brigitte befreundet, was durch die Markierungen in der ersten Spalte vermerkt wird. Die Matrix ist also symmetrisch, genauso wie die Freundschaftsbeziehung selbst. Die obere und die untere Dreiecksmatrix sind spiegelbildlich identisch. Die Hauptdiagonale ist leer, weil eine Eintragung dort, eine Beziehung der jeweiligen Person mit sich selbst anzeigen würde. Dies macht hier aber keinen Sinn. Es gibt jedoch Fälle, wo dies bedeutend sein kann. Hätte man in der Matrix beispielsweise Abteilungen in einer Organisation, so könnten dort Beziehungen innerhalb der Abteilung abgetragen werden.

Die graphische Darstellung von Netzwerken wird von den meisten Menschen als die attraktivste Möglichkeit gesehen, solche Daten zu präsentieren, obgleich es nicht immer die beste Form ist, die Aussagen, die man treffen will, zu präsentieren (siehe hierzu beispielsweise Stegbauer und Rausch 2013).

Man kann ein und dieselben Daten in unterschiedlicher Weise visualisieren. In der folgenden Abb. 3.3 werden drei gängige Darstellungsweisen gezeigt.

Am häufigsten wird ein „spring embedder"-Algorithmus zur Anordnung der Knoten in einem Netzwerkdiagramm verwendet. Ein solcher Algorithmus basiert auf der Überlegung, dass der Abstand zweier Knoten umso größer sein soll, über je mehr Zwischenschritte (Kanten) beide Knoten miteinander verbunden sind. Hinzu kommt die Anforderung, dass sich die Kanten möglichst wenig überschneiden sollten. Hierauf legt man Wert, weil dies die „Lesbarkeit" des Diagramms verbessert.

Bei **gewichteten** Graphen soll außerdem die Stärke der Beziehung zwischen zwei Knoten in die Positionierung eingehen: zwei Knoten sollen umso näher beieinander positioniert werden, je stärker die Beziehung zwischen beiden ist. Sind zwei Knotenpaare jeweils über eine Kante mit gleichem Knotengewicht verbunden, soll auch jedes Knotenpaar möglichst den gleichen Abstand voneinander haben.

Diese Anforderungen lassen sich in der Praxis allerdings nicht zu einhundert Prozent umsetzen.

Einer der ersten Ansätze, die die genannten Anforderungen an die Visualisierung eines Graphen zu realisieren vermochte, basiert auf einem einfachen physikalischen Modell. Dabei stellt man sich vor, dass es sich bei den Knoten des Graphen um gleichnamig geladene Kugeln handelt, die sich alle gegenseitig abstoßen. Weiter sollen zwischen den Kugeln Spiralfedern gespannt sein, deren zugehörige Knoten miteinander durch Kanten verbunden sind. Der abstoßenden Wirkung der gleichnamigen Ladungen (Knoten) wirkt damit die Kraft der Federn (Kanten) entgegen. Dadurch stellt sich ein Gleichgewichtszustand her, der von seiner räumlichen Verteilung der Kugeln dem anvisierten Layout sehr nahe kommt.

Algorithmen, die auf dieser Idee basieren, werden in der Zunft der „Vizards" (viz von visualization), spring embedding – Algorithmen oder kurz „spring embedder" genannt (von „spring", deutsch: „Feder"). Einer der bekanntesten spring embedding – Algorithmen stammt von Fruchterman und Reingold (1991).

3.1 Operationalisierung: Unimodale Netzwerke

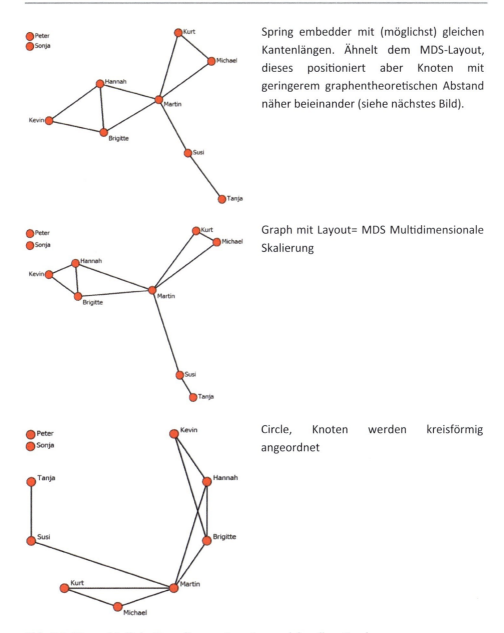

Spring embedder mit (möglichst) gleichen Kantenlängen. Ähnelt dem MDS-Layout, dieses positioniert aber Knoten mit geringerem graphentheoretischen Abstand näher beieinander (siehe nächstes Bild).

Graph mit Layout= MDS Multidimensionale Skalierung

Circle, Knoten werden kreisförmig angeordnet

Abb. 3.3 Unterschiedliche Darstellungsweisen eines und desselben Graphen

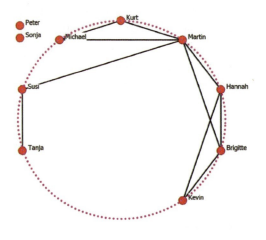

Kreisförmige Anordnung
(circular layout)
Die Darstellung eines Graphen, bei der alle Knoten auf einer kreis- oder ellipsenförmigen Linie liegen, mag etwas seltsam erscheinen. Diese Darstellung eignet sich aber hervorragend für die Erfassung von Netzwerken.

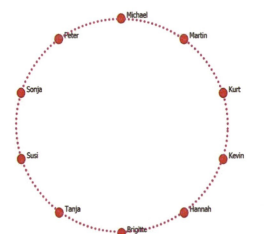

Erfassen könnte man ein solches Netzwerk auf die folgende Weise:

Ego-Perspektive: Bitte umkreisen Sie die Personen, die Ihnen ein Begriff sind.

Kognitives Netzwerk: Bitte verbinden Sie die Personen, von denen Sie wissen, dass diese wissenschaftlich zusammenarbeiten.

Abb. 3.4 Kreisförmige Anordnung als Erhebungsinstrument

Damit die entstehenden Visualisierungen möglichst übersichtlich erscheinen, ist eine weitere Anforderung an den Algorithmus, dass sich möglichst wenige Kanten in der Darstellung überschneiden sollen.

3.1.3 Kreisförmige Anordnung der Knoten

Die kreisförmige Anordnung hingegen wird ebenfalls häufig verwendet (vgl. Abb. 3.4). Sie ist besonders interessant, wenn die Akteure mit ihren jeweiligen (räumlichen) Nachbarn verbunden sind und dies auch ausgedrückt werden soll. Sie wird beispielsweise von Watts

3.1 Operationalisierung: Unimodale Netzwerke

	Brigitte	Hannah	Kevin	Kurt	Martin	Michael	Peter	Sonja	Susi	Tanja
Brigitte		X	X		X					
Hannah	X		X		X					
Kevin	X	X								
Kurt					X	X				
Martin	X	X		X		X				X
Michael				X	X					
Peter										
Sonja										
Susi					X					X
Tanja									X	

	Michael	Peter	Sonja	Kurt	Tanja	Susi	Brigitte	Kevin	Hannah	Martin
Michael			X							X
Peter										
Sonja										
Kurt	X									X
Tanja						X				
Susi				X						X
Brigitte								X	X	X
Kevin							X		X	
Hannah							X	X		X
Martin	X			X		X	X		X	

Abb. 3.5 Eine Umsortierung der Netzwerkmatrix ändert nichts an der Aussage im Netzwerk; sie kann jedoch Hinweise auf Zusammenhänge verdeutlichen. Insofern kann die Darstellung von Netzwerkdaten in einer Matrix sehr sinnvoll sein

(2003, S. 87) verwendet, um in einem sog. small world – Modell aufzuzeigen, dass die Menschen meist stärker mit den direkten Nachbarn in Kontakt stehen als mit Menschen, die in weiter Ferne dazu wohnen. Sofern aber stets einige wenige der jeweils räumlich benachbarten Akteure über Fernverbindungen verfügen, reicht dies völlig dafür aus, dass quasi jeder Akteur des Netzwerks die Möglichkeit hat, über wenige Schritte große Distanzen zu überwinden.

Eine solche kreisförmige Anordnung kann aber auch nützlich sein, um damit eine leicht verständliche Möglichkeit der Erhebung von Netzwerken zu realisieren, insbesondere dann, wenn es um die Erhebung von „kognitiven Netzwerken" (Krackhardt 1987; Stegbauer 2012a) geht. So kann man die Schüler einer Schulklasse die von ihnen wahrgenommenen Verbindungen zwischen den Mitschülern auf einfache Weise einzeichnen lassen. Wir haben diese Erhebungsmethode sowohl in Schulklassen, als auch für die Erhebung von Beziehungen zwischen Wissenschaftlern auf einer wissenschaftlichen Tagung angewendet. Allerdings sollte die Zahl der einbezogenen Personen in der Weise begrenzt sein, dass der Erhebungsbogen noch übersichtlich gestaltet ist. Eine Begrenzung liegt nach unserer Ansicht bei maximal 40–50 Teilnehmern.

Auch die Darstellung eines Graphen in Form einer Netzwerkmatrix ist nicht eindeutig, da es gleichgültig ist, in welcher Reihenfolge die Knotenetikette in der Kopfzeile und Kopfspalte aufgeführt sind. Es müssen lediglich die Beziehungen in der Matrix notiert, d. h. in unserem Beispiel durch Kreuze markiert sein. Es ist allerdings üblich, die Knotenetiketten in der Kopfspalte in derselben Reihenfolge aufzuführen wie in der Kopfzeile.

Im hier präsentierten Beispiel (Abb. 3.5) sieht man bereits, dass ein intelligentes Umsortieren analytisch etwas bringen kann. Hier bekommt man den Eindruck, dass man es mit einer Clique zu tun hat und einer Reihe von Teilnehmern, die entweder gar nicht oder nur schwach mit den anderen verbunden sind. Die Beziehungen außerhalb der Clique laufen vor allem über Martin.

Tab. 3.1 Beispieldaten und Beschreibung sind über das Internet abrufbar

Beschreibung der Daten:	http://www.analytictech.com/*UCInet*/help/hs5181.htm	
Netzwerkdaten:	http://moreno.ss.uci.edu/krackht.dat	(Format: *UCInet* DL-Format)
Attributdaten:	http://moreno.ss.uci.edu/krackht_att.dat	(Format: *UCInet* DL-Format)

Ohne etwas an den Daten selbst zu verändern, finden sich ganz unterschiedliche Darstellungen für ein und denselben Graphen. Dies trifft sehr stark auf die Visualisierung als Graphik zu, gilt aber auch auf die Darstellung als Matrix.

Es ist also davor zu warnen, den Graphen selbst mit seiner Darstellung zu verwechseln. Zudem sollte man nicht glauben, dass es nur eine richtige Darstellung eines Graphen gebe.

3.1.4 Inhaltlich bestimmte Darstellung eines Graphen (ein Beispiel)

Wir wollen nun ein Beispiel aus der Literatur präsentieren. Es handelt sich um eine bekannte Studie von David Krackhardt (1987), in der er die kognitive soziale Struktur an einem Beispiel untersuchte. Dabei wurden Manager eines High-Tech Unternehmens befragt. Die Company hatte zum Untersuchungszeitpunkt knapp über 100 Mitarbeiter und 21 Manager. Jeder der Manager wurde gefragt, wen er um Rat fragt und mit wem er befreundet ist. Zudem wurden Attribute der Mitarbeiter erhoben. Hierzu gehörten das Alter der Manager, wie lange diese schon beschäftigt waren, die Ebene in der Unternehmenshierarchie, in der sie tätig waren, (codiert 1, 2 und 3, 1 = CEO, 2 = Vice President, 3 = Manager) und die zugehörige Abteilung (codiert 1, 2, 3, 4 mit dem CEO in der Abteilung 0, d. h. nicht in einer Abteilung).

Die Daten sind als Beispieldatensatz beim Download von *NetDraw* dabei. Sie können aber auch über das Internet abgerufen werden (vgl. Tab. 3.1).

In der folgenden Abb. 3.6 ist die Beziehung „*reports to*" in Form eines Baumdiagramms visualisiert, wie es bei Organigrammen oft benutzt wird. In der untersten Ebene sind die Personen aus dem unteren Management angeordnet (manager), auf der mittleren Ebene die stellvertretenden Vorstandsvorsitzenden (vice-presidents) und in der oberen Ebene allein der Vorstandsvorsitzende (CEO). Die Knoten sind entsprechend der Abteilungszugehörigkeit eingefärbt. Die Pfeilrichtung ergibt sich dadurch, dass die jeweiligen Manager ihren Vorgesetzen „berichten"; sie sind ihnen Rechenschaft schuldig.

In der nun folgenden Darstellung wird die Anordnung der Knoten beibehalten. Dies geschieht deswegen, weil hierdurch ersichtlich wird, wie formale Beziehung und informelle Kontakte im Vergleich zueinander bestehen. Die Entdeckung der Bedeutung informeller Beziehungen in Organisationen war ein wichtiger Schritt in der Organisationssoziologie (Mayo 1933; Roethlisberger et al. 1939).

Die folgende Abb. 3.7 zeigt das informelle Netzwerk des Managements hinsichtlich der Relation „*friendship*".

3.1 Operationalisierung: Unimodale Netzwerke

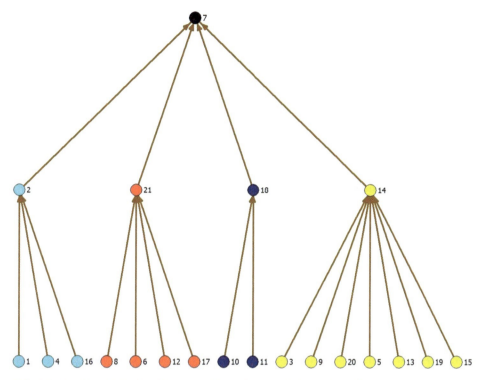

Abb. 3.6 Krackhardt's Hightec Managers, (Organigramm → Baumdarstellung)

In der nächsten Abb. 3.8 wird das Netzwerk nochmals mit Hilfe eines spring embedders visualisiert. Hierbei bleiben die Farben der Abteilungen erhalten. Als weitere Besonderheit wird jedoch das Merkmal symmetrische und asymmetrische Nennung angezeigt. Die einseitigen Nennungen (entweder A→B oder B→A) werden als blaue Pfeile dargestellt und gegenseitige Nennungen (A→B und B→A) als rote Linien.

Achtung: nicht alle Knoten sind in Abb. 14 vorhanden. In der spring embedder Visualisierung wird nur die unterste Ebene des Managements gezeigt. Dies geschieht aus Gründen der Übersichtlichkeit.

3.1.5 Systematik von Graphen

Graphen lassen sich dadurch unterscheiden, welche Arten von Beziehungen mit ihrer Hilfe modelliert werden sollen. Dabei unterscheidet man u. a. Beziehungen, die

1. eine Richtung beinhalten (z. B. „A bittet B um Unterstützung"),
2. eine Intensität beinhalten (z. B. „A hat sich in der letzten Woche n-mal mit B getroffen") oder
3. die eine positive oder negative Einstellung beinhalten (z. B. „A kann B gut leiden/nicht gut leiden").

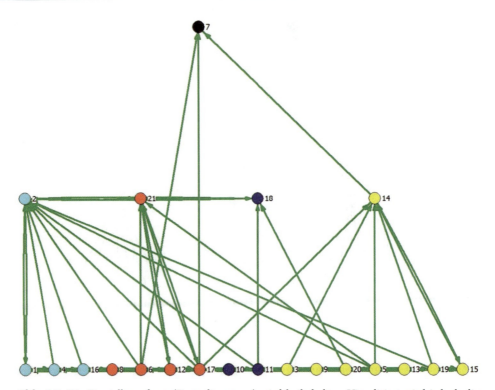

Abb. 3.7 Die Darstellungsform (Baumdiagramm) wird beibehalten. Visualisiert wird jedoch die Relation „*friendship*" (A➔B: A sagt, dass er mit B befreundet sei)

Im ersten Fall benutzt man gerichtete Graphen: die Kanten haben eine Richtung. Im zweiten Fall gewichtete Graphen: die Kanten haben ein Gewicht und im dritten Fall signierte Graphen: die Kanten haben ein Vorzeichen.

Die Beziehungsarten können in beliebiger Form kombiniert vorkommen. So ist ein gerichteter, gewichteter und signierter Graph durchaus denkbar. Der einfachste Graphentyp ist der ungerichtete, ungewichtete und unsignierte Graph. Durch ihn wird nur modelliert, wer mit wem überhaupt in Beziehung steht. Über die Richtung der Beziehung, ihre Stärke und ihre Polarität wird nichts ausgesagt.

Ungerichtete Beziehungen werden oft als Linien visualisiert; gerichtete Beziehungen üblicherweise durch Pfeile (engl.: arcs, arrows, directed edges). Dabei zeigt die Pfeilspitze (engl.: arrow head) auf das Ziel und das Pfeilende auf die Quelle der Beziehung zwischen einem Paar von Akteuren. Wechselseitige Beziehungen in gerichteten Graphen werden vielfach als Doppelpfeile (Linien mit einer Pfeilspitze an jedem Ende) dargestellt.

Bei der Visualisierung von gewichteten Beziehungen kodiert man das Kantengewicht oft in der Strichstärke der Linien bzw. Pfeile. Um den Eindruck der Visualisierung zu verdichten, werden nicht immer alle Kanten dargestellt. Oft visualisiert man in der Darstellung nur Kanten ab einem zuvor festzulegenden Mindestgewicht.

3.1 Operationalisierung: Unimodale Netzwerke

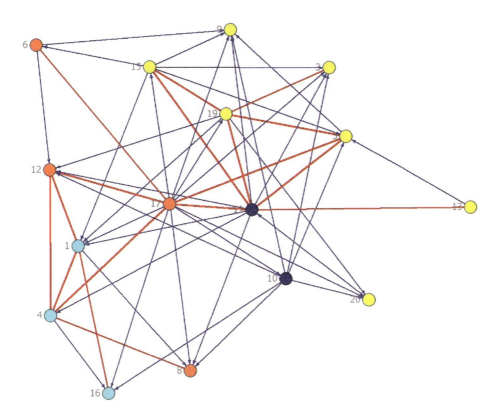

rot reziproke Beziehungen
blau asymmetrische Beziehungen

Abb. 3.8 Krackhardt's Hightec Managers (Freundschaftsbeziehungen im unteren Management)

Bei der Visualisierung signierte Beziehungen kodiert man oft mit der Farbe der Linien bzw. Pfeile, ob die Einstellung positiv oder negativ ist. Wenn man einen Moment über die Gestaltung der Knoten und der Kanten nachdenkt, fallen einem hierzu vielleicht intuitiv verständliche Farben oder Formen ein. Eine hieran orientierte Gestaltung erhöht die Lesbarkeit einer Netzwerkabbildung (siehe auch Hinweise in Abschn. 4.10.).

Die Tab. 3.2 zeigt eine Systematisierung von verschiedenen Typen von Graphen. In empirischen Untersuchungen hat man es oft mit Beziehungen zu tun, die vom Konzept her wechselseitig (reziprok) sind; z. B. bei Freundschaftsnetzwerken. In der Erhebung selbst wird dann A nach den Personen gefragt, mit denen er/sie befreundet ist. Aber nicht jede der genannten Personen muss A auch als Freund/in angeben. Die resultierende Relation ist also gerichtet, obwohl das zugrundeliegende Konzept eine ungerichtete Relation nahelegt. Ob man dies als Erhebungsfehler ansieht oder inhaltlich interpretiert, ist eine Entscheidung, die begründet werden muss. Ebenso wie etwa die Entscheidung, ob man nur wechselseitige Angaben akzeptiert oder einseitige Angaben symmetrisch ergänzt.

Tab. 3.2 Typen von Graphen

Beispiele	Ungewichteter Graph	Gewichteter Graph
Ungerichteter Graph	A hat sich in der letzten Woche mit B getroffen	A hat sich in der letzten Woche n-mal mit B getroffen
Gerichteter Graph	A hat B in der letzten Woche angerufen	A hat B in der letzten Woche n-mal angerufen

In ungerichteten Graphen sind die Netzwerkmatrizen symmetrisch, in gerichteten Netzwerken dagegen sind die Matrizen nicht symmetrisch. Es gibt die Konvention, dass in der Netzwerkmatrix die Quelle in der Zeile notiert wird und das Ziel in der Spalte.

In ungewichteten Graphen enthält die Netzwerkmatrix in jedem zu einer Beziehung gehörigen Matrixelement eine Eins und ansonsten nur Nullen. In einem gewichteten Graphen hingegen werden statt der Einsen jeweils die Kantengewichte der jeweiligen Beziehung eingetragen.

Um diese Zusammenhänge an einem konstruierten Beispiel näher zu erklären, seien in Abb. 3.9 zwei Beispiele aufgeführt:

Im gerichteten und ungewichteten Graphen wird die Beziehungsrichtung durch einen Pfeil angezeigt. Hier wird eingetragen, wer die Initiative für die Kommunikation ergriffen hat. Inhaltlich könnte man sagen, dass Anrufen etwas anderes ist, als angerufen zu werden. Es ist Ausdruck einer Asymmetrie in der Beziehung. Auch eine symmetrische, also ungerichtete Konstruktion der Beziehung würde Sinn machen. So könnte man sagen, die Personen haben in der letzten Woche zusammen telefoniert. Tatsächlich hat ein Gespräch ja den Charakter der Gegenseitigkeit. Hier zeigt sich wieder einmal, dass der Forscher genau wissen muss, was ihn interessiert. Welche dieser Fragen tatsächlich empirisch untersucht werden kann, ist jedoch oft auch abhängig davon, welche Informationen in den zur Verfügung stehenden Daten vorhanden sind.

Allerdings kann man das vorige Beispiel auch noch weiter treiben, indem man danach fragt, wie häufig eine der Personen in unserem Netzwerk bei jemand anderem angerufen hat. Das finden wir im in Abb. 3.10.

Inhaltlich kann man auch hier von der Menge der Anrufe ableiten, inwiefern möglicherweise ein Ungleichgewicht zwischen den Personen besteht. Wenn immer nur einer anruft, dann sieht es stark nach einer asymmetrischen Beziehung aus.

3.2 Analyseebenen

Je nachdem, welche Ebene der Analyse den Forscher interessiert, wird er auf unterschiedliche Eigenschaften des Netzwerkes achten.

Wenn man mit stärker individualistischen Vorannahmen an die Untersuchung herangeht, dann ist man eher an Eigenschaften von Knoten interessiert. Das gilt etwa für die Soziometrie und häufig auch für Überlegungen von Wissenschaftlern, die das „soziale

3.2 Analyseebenen

Beispiel 1 Visualisierung: A hat B in der letzten Woche angerufen

als Liste geschrieben:

A	B
Jan	Karin
Claudia	Thomas
Michael	Thomas
Thomas	Karin
Jan	Michael

als Matrix geschrieben

	Jan	Karin	Claudia	Thomas	Michael
Jan		1			1
Karin					
Claudia				1	
Thomas		1			
Michael				1	

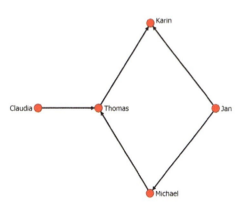

Abb. 3.9 Gerichteter und ungewichteter Graph

Beispiel 2   Visualisierung: A hat B in der letzten Woche n-mal angerufen

als Liste geschrieben:

A	B	Anzahl
Jan	Karin	2
Claudia	Thomas	7
Michael	Thomas	1
Thomas	Karin	6
Jan	Michael	3

als Matrix geschrieben

	Jan	Karin	Claudia	Thomas	Michael
Jan		2			3
Karin					
Claudia				7	
Thomas		6			
Michael				1	

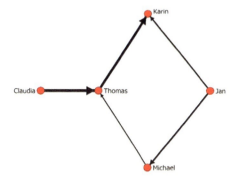

Abb. 3.10 Gerichteter und gewichteter Graph

Kapital" von einzelnen Akteuren messen wollen, etwa durch knotenbezogene Zentralitätsmaße.

Die nächste Untersuchungsebene nimmt die Eigenschaften von Dyaden und Triaden in Augenschein. Wenn man sich beispielsweise für die Symmetrie von Beziehungen in Dyaden interessiert, dann vielleicht, weil man etwas über die Erfüllung der sozialen Regel der Reziprozität (Stegbauer 2002) wissen will. Eine andere soziale Regel ist die Transitivität in Triaden. Diese Regel wird insbesondere für die Modellierung von Dynamik in Netzwerken angewendet. Hier neigen bestimmte Konstellationen dazu, Beziehungen aufzubauen. Die Theorie hierzu stammt von Heider (1957).

Die Soziologie hat sich über Jahrzehnte bevorzugt mit Eigenschaften von Kleingruppen beschäftigt. Damals ging es um die Identifikation von Gruppen und deren soziale Wirkkraft (exemplarisch Homans 1960). Untersuchungen aus dieser Perspektive interessieren sich eher für die Identifikation von Subgruppen. Ist man an den Eigenschaften des gesamten Netzwerkes interessiert, so betreibt man eher positionale Analyse. Hierbei geht es um die Identifikation von Rollen und Positionen, die für Arbeitsteilung, Reziprozität der Perspektive (Litt 1919; Schütz 1971; Stegbauer 2002) und damit auch der Herausbildung von Verhaltensweisen und Identitäten (White et al. 1976; White 1992) stehen.

Die genannten Analyseebenen und Beispiele sind für uns Richtschnur für den weiteren Verlauf dieses Einführungsbuches. Für jede dieser Ebenen zeigen wir exemplarisch eine netzwerkanalytische Lösung auf. Zunächst widmen wir uns aber der Frage, wie die Daten so aufzubereiten sind, dass diese von den beiden Programmen gelesen werden können.

4 Eingabe von Daten und erste Schritte mit Netdraw

In diesem Kapitel werden wir anhand eines einfachen Beispiels beschreiben, wie Netzwerkdaten so aufbereitet werden können, dass sie einer Analyse bzw. Visualisierung mit Hilfe spezieller Computerprogramme zugänglich sind. Für die verschiedenen Netzwerkanalyseprogramme gibt es leider sehr viele unterschiedliche Eingabeformate. Dennoch können die meisten dieser Programme auch Eingabeformate ihrer „Konkurrenzprodukte" verarbeiten. Uns erscheint das von *UCInet* verwendete dl-Format der günstigste Ausgangspunkt für eine Einführung in die Welt der Netzwerkanalyseprogramme zu sein. Es kann u. a. auch von den Programmen *Netdraw, Pajek*[1], *Visone*[2] etc. verarbeitet werden.

Worin besteht nun unser formalisierbares Wissen über ein Netzwerk? Zunächst natürlich aus der Kenntnis der im Netzwerk vorhandenen Akteure („Knoten") und der Beziehungen zwischen denselben („Kanten"). Daneben können aber auch noch weitere Eigenschaften der Akteure und deren Beziehungen bekannt sein. Etwa das Geschlecht, das Alter oder die Nationalität der Akteure als Knoteneigenschaft einerseits bzw. die Intensität oder die Polarität (positiv/negativ) der Beziehung als Kanteneigenschaft andererseits. In Visualisierungen eines Netzwerks können Knoten- und Kanteneigenschaften durch die Farbe, die Größe und die Darstellung der Knoten- und Kantensymbole optisch hervorgehoben werden. Hierdurch können Netzwerkstrukturen sichtbar und interpretierbar gemacht werden, die sonst nur sehr schwer aufzudecken wären. Schließlich ist zu berücksichtigen, dass über ein und derselben Knotenmenge mehrere Beziehungstypen betrachtet werden können, z. B. die Relationen „A berichtet an B", „A erteilt Ratschläge an B", „A ist mit B befreundet". Der Vergleich unterschiedlicher Beziehungstypen kann für die Charakterisierung eines Netzwerks von großer Bedeutung sein, etwa was das Auseinanderfallen

---

[1] Batagelj, V. und Mrvar, A. 1996, 2011. *Pajek – Program for Analysis and Visualization of Large Networks*. University of Ljubljana.

[2] Visone Projektgruppe, Universität Konstanz und Karlsruher Institut für Technologie (KIT). Projektleitung: Ulrik Brandes und Dorothea Wagner. (http://visone.info/html/imprint.html).

von formellen und informellen Beziehungen innerhalb von Firmennetzwerken betrifft. In unserem Exkurs über Krackhardts Hightech Manager haben wir dies bereits angedeutet.

Aus diesem Überblick wird deutlich, dass die Aufbereitung unseres Wissens über ein Netzwerk eine ganz entscheidende Voraussetzung für die empirische Analyse des Netzwerkes ist.

In unserem ersten Praxisbeispiel stellen wir alle Schritte von der Datenerhebung bis zur ersten Visualisierung des Netzwerks dar. Um den Umgang mit *NetDraw* zu erlernen, bietet es sich an, die einzelnen Schritte so nachzuvollziehen, wie sie im Folgenden besprochen werden. Wir möchten Sie aber auch dazu ermuntern, mit den verschiedenen Funktionen des Programms zu spielen und experimentell weitere Möglichkeiten des Programms zu entdecken.

In unserem Beispiel greifen wir auf ein Netzwerk zurück, das wir von Feriligoj et al. (2003, S. 12f) übernommen haben. Das Netzwerk besteht aus 15 Studierenden. Es wird untersucht, inwieweit sich diese durch den Austausch von Studienmaterialien während ihres bisherigen Studiums unterstützt haben. Hierzu wurde die folgende Frage gestellt:

> Jetzt, wo Sie im zweiten Semester sind, haben Sie schon einige Prüfungen absolviert. Studierende besorgen sich üblicherweise Studienmaterial von ihren Kommilitonen/innen. Von wem haben Sie am häufigsten Studienmaterial besorgt? Die Anzahl der zu nennenden Personen ist nicht beschränkt.[3]

Im Folgenden werden wir zunächst die Ergebnisse der Befragung so kodieren, dass diese von *NetDraw* verarbeitet werden können, sodann die Daten in eine Textdatei schreiben und abspeichern und schließlich diese Datei in *NetDraw* einlesen, um eine erste Visualisierung des Netzwerks zu erhalten.

4.1 Darstellung der Daten

In dem hier vorgestellten Beispiel geht es also um die Erhebung und die Analyse einer Austauschbeziehung: wer leiht sich bei wem Studienmaterial aus? Diese Beziehung zwischen zwei Studierenden wird sinnvollerweise als gerichtete Kante („Pfeil") modelliert. Dabei steht uns frei, den Fluss der Information oder die soziale Situation zu modellieren. Wir entscheiden uns für die zweite Möglichkeit und vereinbaren, dass der Pfeil nicht in Richtung der „Gabe" verläuft, sondern von der Person ausgeht, die sich das Studienmaterial von einer anderen Person besorgt. Damit wird die folgende Situation modelliert: A tritt

---

[3] „You have done several exams since you are in the second class now. Students usually borrow studying material from their colleagues. Enumerate (list) the names of your colleagues that you have most often borrowed studying material from. (The number of listed persons is not limited.)" (Feriligoj et al. 2003, S. 12).

4.1 Darstellung der Daten

Tab. 4.1 Rohdaten des Studierendennetzwerkes von Feriligoj et al. (2003)

Ergebnis der Erhebung

b02	hat sich von	g07 g22 g28 g42 b85	Studienmaterial ausgeliehen
b03	hat sich von	g22 g28 g42 b85	Studienmaterial ausgeliehen
g07	hat sich von	g10 g22 g28 g42	Studienmaterial ausgeliehen
g09	hat sich von	b03 g10 g12 g24 g63	Studienmaterial ausgeliehen
g10	hat sich von	g07 g22 g28	Studienmaterial ausgeliehen
g12	hat sich von	g09 g63 b85 b96	Studienmaterial ausgeliehen
g22	hat sich von	g07 g10 g24 g28 g42	Studienmaterial ausgeliehen
g24	**hat sich von**	g10 g22 g42	**Studienmaterial ausgeliehen**
g28	hat sich von	g07 g22 g42 b85	Studienmaterial ausgeliehen
g42	hat sich von	g10 g22 g24	Studienmaterial ausgeliehen
b51	hat sich von	b03 g07 g28	Studienmaterial ausgeliehen
g63	hat sich von	g09 g12 g24	Studienmaterial ausgeliehen
b85	hat sich von	g12 g22 g28 g42	Studienmaterial ausgeliehen
b89	hat sich von	g22 g28	Studienmaterial ausgeliehen
b96	hat sich von	g07 g22 g28 g42	Studienmaterial ausgeliehen

Bezeichnungen:
Studentinnen (girls): g<nn>, Studenten (boys): b<nn>, wobei <nn> die Fragebogen-ID ist.

an B heran und bittet erfolgreich um die Überlassung von Studienmaterialien. Von A geht also die Aktivität aus. Daher notieren wir:

▶ A → B wenn A sich von B Studienmaterial besorgt hat.

Allerdings nochmals der Hinweis: Die Unterstützung „fließt" von B nach A. Welche der beiden Definitionen die sinnvollere ist, hängt von der Untersuchungsfrage ab. Wenn es darum geht festzustellen, von wem bei der sozialen Unterstützungsbeziehung die Initiative ausgeht, ist die von uns gewählte Definition brauchbar, denn A geht auf B zu, um von ihm/ihr Studienmaterial zu besorgen (auszuleihen). Wenn der Fokus des Interesses darauf liegt, festzustellen, wie der Informationsfluss zwischen den Studierenden verläuft, ist die obige Definition weniger sinnvoll, denn das Material nimmt den Weg tatsächlich von B nach A. Gleichgültig aber, welche Definition der sozialen Beziehung man zugrunde legt, bei der Interpretation einer Visualisierung des Netzwerkes bzw. von Netzwerkkennzahlen (wie Eingangs- und Ausgangsgrad) sollte man stets vor Augen haben, durch welche formale Definition die soziale Beziehung operationalisiert wurde.

Die Rohdaten unseres Beispielnetzwerks sind in der folgenden Tab. 4.1 zusammengefasst. Dabei wird jedem Studierenden ein eindeutiger Bezeichner (Knotenname, „node label") zugewiesen. Dieser besteht aus einem Buchstaben als Präfix und einer zweistelligen Nummer. Der als Präfix verwendete Buchstabe gibt das Geschlecht der jeweiligen Person an. Es wird sich zeigen, dass das (Knoten)Merkmal „Geschlecht" in der Analyse unseres Beispielnetzwerks von großer Bedeutung sein wird. Allerdings sei bereits an dieser Stelle darauf hingewiesen, dass Knoteneigenschaften üblicherweise als eigenständige Merkmale und nicht als Teil des Knotennamens kodiert werden. Für unser sehr kleines Beispielnetzwerk hat die obige Notation allerdings den Vorteil, dass wir zunächst ohne die eigenständige Kodierung von Knoteneigenschaften auskommen und uns allein auf die Eingabe der Beziehungsdaten konzentrieren können.

4.2 Datenformat

Man kann die Beziehungsdaten eines Netzwerks auf verschiedenerlei Weise kodieren. Wir haben unser Beispielnetzwerk so ausgewählt, dass wir das in der obigen Tabelle zusammengefasste Ergebnis der Erhebung direkt für die Eingabe in *NetDraw* übernehmen können. Dieses Format wird „Knotenliste" („nodelist") genannt. Es enthält zeilenweise eine Liste von Knotennamen, wobei der erste Knotenname einer Zeile den Ausgangspunkt und die übrigen Knotennamen einer Zeile jeweils den Endpunkt einer Beziehung benennen. Betrachten wir beispielsweise die erste Zeile der obigen Tabelle: „b02 hat sich von g07, g22, g28, g42 und b85 Studienmaterial ausgeliehen", dann notieren wir dieses Ergebnis der Befragung als

▸   b02 g07 g22 g28 g42 b85

Damit werden die folgenden Beziehungen kodiert: „b02 → g07", „b02 → g22", „b02 → g28", „b02 → g42" und „b02 → b85". Bei der Verwendung der Knotenetiketten muss die Groß-/Kleinschreibung unbedingt beachtet werden. „B02" bezeichnet einen anderen Knoten als „b02".

Neben der Kodierung der relationalen Daten müssen einige weitere Angaben gemacht werden, um unsere Eingabedaten für *NetDraw* vollständig zu beschreiben. In der folgenden Tab. 4.2 ist die komplette Datendefinition aufgeführt. Im Gegensatz zu den Knotennamen kommt es bei den Schlüsselwörtern der Datendefinition nicht auf die Groß-/Kleinschreibung an.

Zur Erstellung der zum Beispieldatensatz gehörigen Datei müssen die oben aufgeführten Datendefinitionen samt der zugehörigen Daten mit einem Texteditor oder Textverarbeitungsprogramm eingegeben werden. Anschließend speichert man diese als Textdatei unter dem angegebenen Dateinamen ab. Das Verzeichnis, in dem die zum Beispieldatensatz gehörigen Dateien abgelegt sind, kann später bei der Benutzung von *NetDraw* oder *Ucinet* als Arbeitsverzeichnis („default folder") definiert werden.

Knotenlisten zur Eingabe von Daten eignen sich nur für unbewertete Graphen. Die Beziehungen dürfen kein Gewicht haben. Nodelist1 bedeutet, dass es sich um ein einmodales Netzwerk handeln muss. Man unterscheidet daneben bi- oder multimodale Netzwerke. Bei bimodalen Netzwerken werden Ereignisse und Teilnehmer an diesen Ereignissen definiert.

4.2 Datenformat

Tab. 4.2 Beispieldaten als Knotenliste für einmodale Netzwerke („nodelist1")

```
dl
n=15
format=nodelist1
labels embedded
data:
b02  g07  g22  g28  g42  b85
b03  g22  g28  g42  b85
g07  g10  g22  g28  g42
g09  b03  g10  g12  g24  g63
g10  g07  g22  g28
g12  g09  g63  b85  b96
g22  g07  g10  g24  g28  g42
g24  g10  g22  g42
g28  g07  g22  g42  b85
g42  g10  g22  g24
b51  b03  g07  g28
g63  g09  g12  g24
b85  g12  g22  g28  g42
b89  g22  g28
b96  g07  g22  g28  g42
```

Die Datendefinition beginnt mit der Kennung „dl" in der ersten Zeile. Die folgenden Zeilen enthalten Angaben über

- die Anzahl der Knoten (n=…),
- das für die Dateneingabe verwendete Format (format=…) sowie
- die Verwendung von Knotenetiketten

Da es sich bei dem untersuchten Netzwerk um ein einmodales Netzwerk handelt, erhält die Formatbeschreibung „nodelist" den Suffix 1.

Die Angabe „labels embedded" weist darauf hin, dass in der Kodierung der relationalen Daten die Knotennamen verwendet werden.

Auf die Zeile „data:" folgen die im angegebenen Format kodierten Daten.

Dies ist ein anderer Typ von Beziehung als der hier aufgeführte. Die Richtung der Beziehung in der Liste ist so, dass diese vom ersten aufgeführten Knoten ausgeht. Beispielsweise lässt sich die gelb markierte erste Datenzeile folgendermaßen lesen: Student „b02" hat die Studentinnen „g07", „g22", „g28", „g42" und den Studenten „b85" nach Material für das Studium gefragt (und wohl auch bekommen).

Neben dem Format „nodelist1" gibt es noch eine ganze Reihe weiterer Formate zur Übergabe der Daten an das Auswertungsprogramm. Sinn der unterschiedlichen Formate ist es, einerseits den unterschiedlichen Datentypen Rechnung zu tragen (etwa als bewerteter Graph oder zweimodalem Netzwerk), andererseits – und das ist im Moment wichtiger – sind die verschiedenen Formate so programmiert, dass man, je nachdem wie die Daten vorliegen, ein Format anwenden kann, welches einen geringen Aufwand an Datenanpassung benötigt.

Die Daten sind um ein *UCInet*-Importformat notiert. Dieses kann von *NetDraw* gelesen werden. Die Datei besteht aus einer Datendefinition und den Daten selbst. Die Datendefinition beginnt mit „DL". Es werden die Anzahl der Knoten definiert (n=), dann kommt das Eingabeformat, welches hier nodelist1 ist. Es wird ein Hinweis zu den Labels gegeben. Schließlich weist der Eintrag „data:" darauf hin, dass ab jetzt die Daten einzulesen sind.

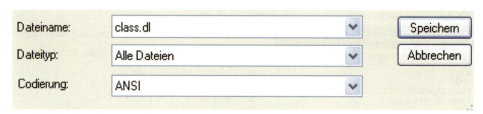

Abb. 4.1 Abspeichern der selbst eingegebenen Daten

4.3 Eingabe der Daten

Wenn Sie es noch nicht getan haben, ist es als nächster Schritt sinnvoll, die Daten einzugeben, also abzuschreiben. Für die Kodierung des obigen Beispielnetzwerkes kann das oben gelistete Ergebnis der Befragung direkt übernommen werden. Zu den Daten aus Tab. 4.1 muss lediglich noch die Datendefinition hinzugefügt werden. In Tab. 4.2 ist diese im Screenshot schon mit abgebildet. Achten Sie bitte darauf, dass in Ihrer Datei alles genauso wie beschrieben, ausschaut!

UCInet-Importdateien sind reine Textdateien und können mit einem beliebigen Texteditor oder Textverarbeitungsprogramm erstellt werden. Bei Textverarbeitungsprogrammen müssen Sie darauf achten, dass die Datei ohne Formatierungszeichen abgespeichert wird.

Sie benötigen also einen Editor. Wenn Sie nicht bereits einen eigenen Editor auf ihrem Rechner installiert haben, bietet sich hierfür der bei Windows mitgelieferte Windows-Editor an. Diesen kann man über

▶ **Windows: Start → Programme → Zubehör → Editor**

aufrufen.

Eine alternative Vorgehensweise für ältere Windows-Systeme (bis Windows XP) ist:

▶ Windows: **Start → Ausführen** und dann im Eingabefenster **„notepad"** eingeben.

Nachdem sich das Editorfenster geöffnet hat, geben Sie die Daten genauso wie in der Tab. 4.2 gezeigt, ein (dazu auch Abb. 4.1).

Je nach Betriebssystemversion kann sich das Aufrufen des Editors unterschiedlich gestalten. Es ist daher schwierig alle Eventualitäten vorherzusehen.

Nachdem Sie die Daten eingegeben haben, speichern Sie diese bitte ab. Wenn Sie keine Namenserweiterung (Namensteil im Dateinamen nach dem Punkt) angeben, verwendet das Programm automatisch „.txt". Besser ist es, als Dateierweiterung .dl einzugeben. Hierzu tippen Sie im Feld „Dateityp" auf „alle Dateien" und geben als Namenserweiterung „.dl" an. Merken Sie sich bitte, wo sie die Datei abgespeichert haben.

Abb. 4.2 NetDraw – Icon, welches nach Installation auf dem Desktop abgelegt ist

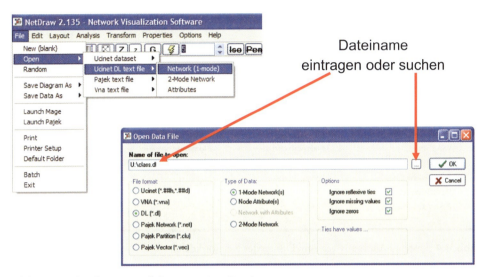

Abb. 4.3 Laden der Netzwerkdaten aus einer Datei

4.4 Netdraw Download und Installation

Wenn Sie *NetDraw* nicht bereits auf Ihrem Rechner installiert haben, so ist es jetzt der richtige Zeitpunkt, das Programm herunterzuladen.

Die Software bekommen Sie über den folgenden Link:

https://sites.google.com/site/netdrawsoftware/download

Sie können das Programm installieren oder, falls Sie in einer Umgebung arbeiten, die von einem DV-Beauftragten abgeschirmt wird, dann reicht es aus, lediglich die .exe Datei („EXE only") herunterzuladen. Dann muss das Programm nicht eigens installiert werden und man kann sie auch an Universitäten und in Organisationen nutzen, die ansonsten restriktiv auf die Initiativen von Mitarbeitern reagieren.

4.5 Programmaufruf und Einlesen der vorbereiteten Daten

Rufen Sie das Programm nun bitte auf. Wenn Sie es installiert haben, so klicken Sie bitte auf das *NetDraw* Icon (siehe Abb. 4.2) auf dem Desktop.

Wenn das Programm geladen ist, muss das Beispielnetzwerk eingelesen werden. Hierzu öffnet man die Datei im Programm (dazu Abb. 4.3). Dies lässt sich auf zweierlei Weise be-

Mit Hilfe des Symbols gelangt man zum Eingabefenster für den Namen (und den Typ) der Datei, aus der die Daten des Netzwerks importiert werden sollen.

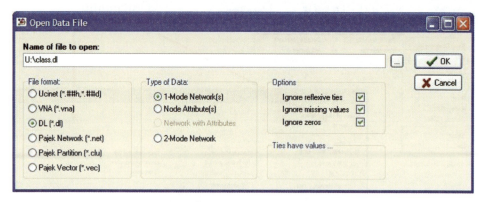

Abb. 4.4 Kasten – Alternativweg zum Öffnen der Netzwerkdaten

werkstelligen. Zum einen kann man die Datei über das Menü öffnen. Hierzu geht man folgendermaßen vor. Man klickt auf File, dann Open, *UCInet* DL text file, Network (1-mode):

▶   File → Open → *UCInet* DL text file → Network (1-mode)

Im folgenden Kasten (Abb. 4.4) finden Sie einen Alternativweg, mit dem Sie die Netzwerkdaten öffnen können.

Nach der Eingabe des Dateinamens und dem Quittieren der Eingabe durch Anklicken des OK-Feldes erscheint eine erste automatisch mit dem spring embedding – Algorithmus erzeugte Visualisierung des Netzwerks (vgl. Abb. 4.5).

Es lohnt sich, als erstes einmal die Layouts G und ⚡ auszuprobieren. Weitere Layout-Optionen bietet das Menü Layout (graph-theoretic layouts, circle layout, random layout). Im Anhang des Buches finden Sie weitere Hinweise auf die Auswirkungen unterschiedlicher Layouts auf die Darstellung von Netzwerken.

Allerdings lässt sich die Abbildung mit ein paar Kleinigkeiten noch verbessern. Dabei geht es darum, das Netzwerkdiagramm so zu gestalten, dass die Merkmale deutlich werden, auf die man als Forscher analytisch Wert legt. So könnte man die Knoten so einfärben, dass die Farbe das Geschlecht der Teilnehmer anzeigt. Auf diese Weise erschließt sich dem Betrachter, inwiefern das Geschlecht für die Beziehungsstruktur – hier das Besorgen von Studienmaterial – von Bedeutung ist. Während das „Besorgen" eine einseitige

4.5 Programmaufruf und Einlesen der vorbereiteten Daten

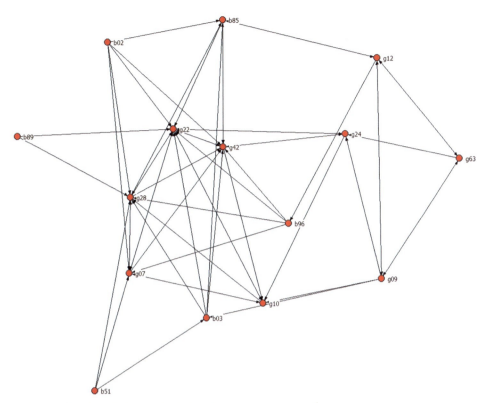

Abb. 4.5 Erste Visualisierung des Beispielnetzes

Beziehung sein kann, ist es aber auch möglich, gegenseitigen Austausch zu markieren. Durch Reziprozität werden Schulden ausgeglichen. Die Gegenseitigkeit kann aber auch ein Merkmal für Beziehungsstärke darstellen. Wenn man die Verbindung zwischen den Knoten bei Reziprozität dicker und in einer anderen Farbe markiert, sieht man auf den ersten Blick, ob die Gegenseitigkeit eher innerhalb desselben Geschlechts vorzufinden ist oder zwischen den Geschlechtern. Möglich ist auch, dass man die geschlossenen Triaden anzeigt, in denen gegenseitiger Austausch stattfindet. Solche Verbindungen weisen bereits auf kleinste Cliquen hin, bei denen die Unterstützung immer noch vorhanden bleibt, wenn einer der Beteiligten wegfällt.

Durch Anwendung eines Layout-Algorithmus, wie den eines „spring embedders" kann die Anordnung der Knoten in der Visualisierung ebenfalls noch etwas verbessert werden.

Die folgende Abb. 4.6 zeigt die Wirkung der genannten Möglichkeiten auf die Abbildung der Beispieldaten. Die Knoten und Kanten sind durch die Wirkung des spring embedders neu angeordnet worden, die Knoten sind nach Geschlecht eingefärbt, die Kanten dicker und in magenta dargestellt, wenn es sich um reziproke Austauschbeziehungen handelt. Noch dicker wurden die Kanten gezeichnet, wenn es sich bei der reziproken Bezie-

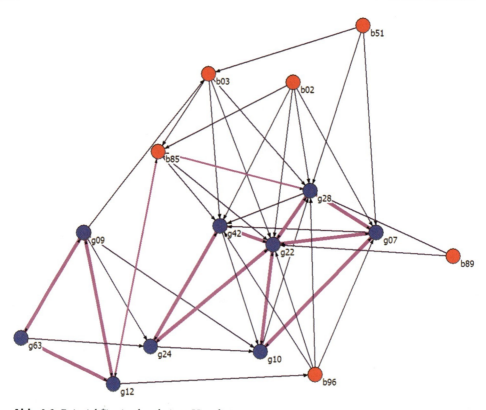

Abb. 4.6 Beispiel für eine bearbeitete Visualisierung

hung um eine Simmelsche Beziehung handelt, wenn sie also in eine Triade eingebettet ist, die nur reziproke Beziehungen enthält.

Nach der Bearbeitung der Abbildung des Netzwerkes ist es nun unschwer zu erkennen, dass der reziproke Austausch praktisch nur zwischen Frauen stattfindet. Auch sind es nur Frauen, die in die höherwertigen reziproken Triaden („simmelian ties") eingebettet sind. Im Vergleich dazu sind die Männer nur schwach und eher peripher am Austausch beteiligt.

Die Färbung und die Anordnung der Knoten kann man über die verschiedenen Steuerungselemente des Programms erreichen. Wie man das macht, wird gleich erklärt. Es kann durchaus auch sein, dass die Anordnung der Knoten und Kanten bei Ihnen nicht völlig identisch mit der vorhergehenden Abbildung ist.

4.6 Register zur Auswahl von Beziehungstypen und Knotenattributen

Im *NetDraw*-Programmfenster befindet sich auf der rechten Seite ein Register, das zur Auswahl der im Netzwerkdiagramm enthaltenen Knoten- und Kantensymbole und deren Eigenschaften dient. Dabei kann zwischen zwei Registerkarten gewählt werden, eine für

4.6 Register zur Auswahl von Beziehungstypen und Knotenattributen

die im Netzwerk definierten Beziehungstypen und eine für die im Netzwerk definierten Knotenattribute.

4.6.1 Auswahl nach Beziehungstypen

NetDraw erlaubt es, in ein und demselben Netzwerk mehrere Beziehungstypen zu definieren. Welche dieser Beziehungstypen im Netzwerkdiagramm dargestellt werden, kann man mit Hilfe der Angaben im Registerblatt „Rels" festlegen.

Im oben behandelten Beispielnetzwerk hat man es nur mit einem Beziehungstyp zu tun, nämlich der Relation „A hat sich von B Studienmaterial besorgt". In diesem Fall wird die Relation in der Regel nach dem Namen der Datenimport-Datei versehen und heißt somit im vorliegenden Fall „class".

Die Liste der Beziehungstypen enthält demnach nur einen Eintrag, nämlich „class". Entfernt man das davorstehende Häkchen, so werden alle Pfeile aus dem Netzwerkdiagramm gelöscht, übrig bleiben nur die Knotensymbole. Die relationalen Daten sind jedoch auch weiterhin verfügbar und so können die Pfeile zwischen den Knotensymbolen durch Setzen des Häkchens wieder zurückgeholt werden.

Bei mehreren Beziehungstypen kann man mit Hilfe der Auswahlliste zwischen der Darstellung verschiedener Beziehungstypen hin und her schalten. Auch die gleichzeitige Aktivierung mehrerer Beziehungstypen ist möglich. Beziehungstypen können demnach aktiviert und deaktiviert werden. Nur die Kanten aktiver Beziehungstypen werden graphisch dargestellt.

In der letzten Zeile wird die Anzahl der durch die aktiven Beziehungstypen definierten Kanten ausgegeben. Im Falle des beschriebenen Beispielnetzwerkes in Abb. 4.7 sind dies 56 Kanten.

4.6.2 Auswahl nach Knotenattributen

Wählt man die Registerkarte „Nodes" aus, so erhält man zunächst eine Liste der Knoten-IDs. Bei den IDs handelt es sich entweder um das eindeutige Etikett (Label) des Knotens, wie im vorliegenden Fall, oder um eine fortlaufende Knotennummer, falls keine Knotenetiketten vergeben wurden. Anhand seiner ID kann jeder Knoten eindeutig identifiziert werden.

In der Liste der Knoten-IDs (vgl. Abb. 4.8) sind die aktiven Knoten mit einem Haken versehen. Durch Anklicken des Feldes lässt sich der Haken entfernen und der entsprechende Knoten deaktivieren. Inaktive Knoten werden im Netzwerkdiagramm nicht angezeigt, ebenso wenig wie alle zu ihnen verlaufenden oder von Ihnen ausgehenden Kanten. Auf diese Weise lassen sich auch ganze Gruppen von Knoten aus dem Diagramm entfernen.

Abb. 4.7 Relationenauswahlmenü (links) und Optionen dazu (rechts)

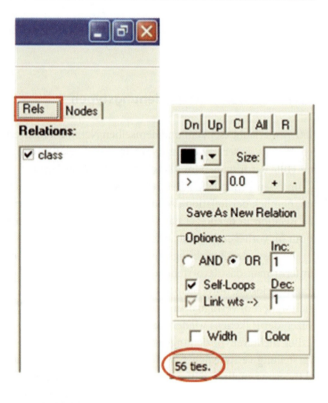

Abb. 4.8 Knotenauswahlmenü (links) und Optionen dazu (rechts)

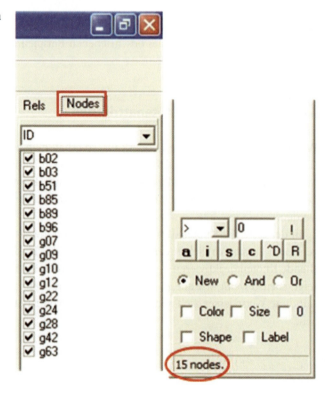

Abb. 4.9 Symbol in der Funktionsauswahlleiste für „Spring Embedder"

Durch Klicken auf ein leeres Feld in der Knotenliste kann der entsprechende Knoten wieder aktiviert werden.

In der letzten Zeile wird die Anzahl der aktiven Knoten ausgegeben. Im Falle des oben beschriebenen Beispielnetzwerkes sind dies 15 Knoten.

Genau genommen erfolgt die Auswahl der Knoten durch die Werte eines Knotenattributs. Da das Knotenattribut ID immer vorhanden ist und jeder Knoten eindeutig durch seine ID bestimmt ist, erhält man durch die Auswahl des Knotenattributs ID immer eine vollständige Liste aller Knoten.

Falls noch andere Knotenattribute definiert sind, etwa das Geschlecht einer Person, kann man anhand des Werts des Knotenattributs (bei Geschlecht z. B. 1 = männlich, 2 = weiblich) alle Knoten auswählen, die zu Personen männlichen bzw. weiblichen Geschlechts gehören.

Obwohl die Information in der Knoten-ID implizit vorhanden ist, wurde das Geschlecht der befragten Studierenden bislang noch nicht als eigenes Knotenattribut definiert. Diese Information ist daher in dieser Form für *NetDraw* nicht verwendbar. Wie man die Daten für Knotenattribute in *NetDraw* importieren und wie man Knotenattribute zur Gestaltung des Netzwerkdiagramms verwenden kann, wird später beschrieben.

4.7 Veränderung des Layouts der Knotenanordnung

Mit Hilfe dieser Menüs kann man das Knotenlayout bereits auf einfache Weise verändern. Um den spring embedder seine Arbeit machen zu lassen, reicht es, auf das Blitzsymbol (Abb. 4.9) zu klicken. Hierdurch verändert sich die graphische Darstellung so, dass „benachbarte" Knoten möglichst nahe aneinander liegen und möglichst wenige Kantenüberschneidungen vorliegen.

In der Menüleiste unter „Layout" kann man unter weiteren Darstellungsalgorithmen auswählen. Für den Anfang lohnt es sich, alle einmal auszuprobieren. Wie bereits gesagt, verändert eine unterschiedliche Darstellung nichts am eigentlichen Netzwerk. Es kann aber sein, dass eine Veränderung der Darstellung eine andere Interpretation der Daten nahelegt. Man kann die Knoten auch mit Hilfe des Mauszeigers manuell verschieben und dort anordnen, wo man sie am sinnvollsten findet. Diese Funktion ist hilfreich, wenn der Algorithmus an irgendeiner Stelle die Knoten sich unschön überschneiden lässt.

4.8 Veränderung des Layouts der Knoten selbst

Auf einfache Weise lassen sich auch Größe, Farbe und Form der Knoten ändern. Hierzu sind verschiede Möglichkeiten vorgesehen. Die Knoten lassen sich nach dem Attribut „Geschlecht" einfärben. Das kann man automatisch machen lassen, wenn man eine Attribut-

Knotenauswahlmenü: Häkchen entfernen deaktiviert Knoten für den Moment. Die Knoten, vor denen der Haken noch vorhanden ist, lassen sich verändern.

Abb. 4.10 Entfernen der Haken im Knotenauswahlfenster deaktiviert die Knoten, deren Eigenschaften im Moment nicht verändert werden sollen

Der linke Knopf vergrößert die aktiven Knoten, der mittlere verkleinert diese. Klickt man auf den rechten Button, so erscheint ein Eingabefeld, in dem man die Größe der Knotendarstellung in Bildpunkten eingeben kann.

Die Knoten sind mit Etiketten so gekennzeichnet, dass die Nummern für Männer mit einem „b" („b" für boys) und diese für Frauen mit einem „g" („g" für girls) beginnen.

Abb. 4.11 Schnellwahlbuttons im Funktionsmenü zur Veränderung der Knotengröße

Datei lädt. Und dann die Einfärbung mit Hilfe der Menüleiste unter Properties vornimmt. Wie das geht, zeigen wir später. Zunächst einmal wollen wir die Knoten manuell einfärben. Hierzu klickt man in der Menüleiste auf:

▶ Properties → Nodes → Symbols → Color → General – all active nodes

Dann erscheint eine Farbpalette, aus der man die Farbe auswählt. Wenn man nicht alle Knoten verändern will, dann kann man zuvor manuell eine Auswahl treffen (vgl. Abb. 4.10). Knoten können einzeln deaktiviert werden, indem man rechts im Knotenauswahlfenster die Häkchen für die Knoten entfernt, deren Eigenschaften (Farbe, Größe) im Moment nicht verändert werden sollen.

In der Netzwerkvisualisierung können nun alle Knoten mit Haken eingefärbt werden. Danach entfernt man die Haken und setzt nur vor die noch nicht neu eingefärbten Knoten Haken. Nun lassen sich diese in einer anderen Farbe darstellen. Die Größe der aktiven Knoten kann ebenfalls ganz einfach verändert werden. Hierfür gibt es Schnellwahlbuttons (Abb. 4.11) im Funktionsmenü:

Abb. 4.12 Buttons zur Veränderung der Labelgröße

Die Knoten sind mit Etiketten so gekennzeichnet, dass die Nummern für Männer mit einem „b" („b" für boys) und diese für Frauen mit einem „g" („g" für girls) beginnen.

4.9 Größe, Farbe & Position von Etiketten ändern

Die Labels lassen sich ebenfalls auf einfache Weise verändern. Die Größe der Etiketten kann man im Auswahlmenü durch Klicken auf die Buchstaben AA verändern (siehe Abb. 4.12).

Häufig kommt es nur auf die Struktur an, ohne dass man die Labels zeigen will. Diese lassen sich im Schnellzugriff über die Funktionsleiste ab- und anschalten (siehe Abb. 4.13).

Ferner kann man die Größe, das Aussehen und die Position über die Menüliste und die Properties verändern (siehe dazu Abb. 4.14).

Mit diesem Weg erreicht man das Untermenü, von dem aus man die Etiketten beeinflussen kann.

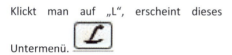

Abb. 4.13 Mit Hilfe der Schaltfläche „L" lassen sich Labels an- und abschalten

Untermenü, welches man über die Properties erreicht:

> Properties →Nodes →Labels

Abb. 4.14 Manipulation der Labels

Die Kanten lassen sich über das Menü „Properties → Lines" hinsichtlich der Farbe, der Dicke, des Stils, der Pfeilspitze etc. verändern. Insbesondere die Menüpunkte „Color", mehr noch „Size" sind von Bedeutung. Über letzteres kann man in bewerteten Netzwerken über „Tie Strength" die höher bewerteten Verbindungen dicker markieren.

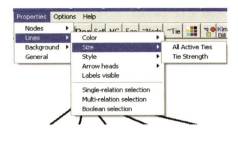

Abb. 4.15 Manipulation der Kanten

Die Visualisierung dient dazu, „mit den Augen (zu) denken", wie der Journalist Roland Wengenmayr (2005) in einem Artikel über den Netzwerkvisualisierungsspezialisten Lothar Krempel einmal schrieb. Um dieses Denken zu erleichtern, müssen die Bilder so intuitiv wie möglich verständlich sein. Am besten sieht man das, worauf es ankommt, schon auf den ersten Blick. Verschiedene Funktionen des Programmes dienen dazu, um dies dem Betrachter so einfach wie möglich zu machen.

4.10 Dicke, Farbe & Stil von Kanten ändern

Auch die Verbindungen zwischen den Knoten lassen sich verändern, sodass der Eindruck der Darstellung sofort wichtige Einzelheiten erkennen lässt. Man kann die Größe aller aktiven Knoten durch Klicken auf die Buttons großes und kleines S im Auswahlmenü schnell vergrößern (großes S) und verkleinern (kleines S). Etwas mehr Funktionalität findet man unter dem Menü Properties (siehe Abb. 4.15).

Wenn man Visualisierungen anwendet, sollte man immer daran denken, dass es darauf ankommt, diejenigen Eigenschaften der Veranschaulichung hervorzuheben, die besonders wichtig sind. Innerhalb der Netzwerkforschung hat sich ein Spezialgebiet etabliert, welches sich mit unterschiedlichen Arten der Darstellung von Netzwerken befasst. Zu der Forschung auf diesem Gebiet gehört es auch, sich Gedanken über die Wirkung von Visualisierungen zu machen.

Hierzu gehören etwa Überlegungen zur Farbgestaltung. Kontrastierungen durch die Unterscheidung von „rot" und „grün" im Schaubild sollte man vermeiden, weil es doch eine nicht unbeträchtliche Zahl an Rot-Grün Blinden in der Bevölkerung gibt (nach Wikipedia, 9 % der Männer und 0,8 % der Frauen[4]). Andererseits besitzen Farben oft eine eige-

---

[4] http://de.wikipedia.org/wiki/Rot-Gr%C3%BCn-Sehschw%C3%A4che (21.02.2013).

Dazu benutzt man den Menüpfad

- „**Analysis**
  → **Reciprocal ties**"

und wählt im Eingabefenster die gewünschten Darstellungseigenschaften, hier also nur die Dicke der Linien.

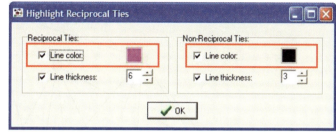

Abb. 4.16 Markierung reziproker Beziehungen im Diagramm

ne Bedeutung. Würde man Beziehungen zwischen Politikern unterschiedlicher Parteien in einer Graphik darstellen, so würde man sich der politischen Farbenlehre dabei bedienen. Unter diesen Umständen hätte dann auch möglicherweise eine Rot-Grünfärbung eine so spezielle Bedeutung, dass man sie trotzdem benutzen würde. Ob man Männer „blau" und Frauen „rosa" darstellen sollte, hingegen mag umstritten sein, wenn das dazu führt, traditionelle Geschlechterrollen sogar noch in der Forschung zu markieren.

Wichtige Kanten kann man fetter darstellen als unwichtige. Knoten, wenn sie zentral oder aus irgendeinem Grunde wichtiger sind, als andere kann man über die Größe hervorheben. Allerdings ist hierbei zu bedenken, dass einer Verdoppelung der Fläche nicht eine Verdoppelung im visuellen Eindruck entspricht. Hier ist es also sinnvoll, sich eher an der Wahrnehmung als an einer exakten Abbildungsproportion zu orientieren.

Bildet man im Netzwerk Hierarchie ab, so kann es nützlich sein, auf den konventionell benutzen „spring embedder" zu verzichten und im Netzwerkdiagramm ein „oben" und „unten" vorzusehen, welches als Bild von den meisten Menschen für Hierarchie auf Anhieb verständlich ist.

4.11 Hervorhebung reziproker Beziehungen

NetDraw bietet eine Reihe von Möglichkeiten an, bestimmte Eigenschaften der Kanten (oder Knoten) automatisch hervorzuheben. Eine dieser Eigenschaften ist die der Gegenseitigkeit. Wir zeigen in diesem Abschnitt, wie man Ties hervorhebt. Dies ist ein Beispiel für die programmgeführte Anpassung der graphischen Darstellung. Alle wechselseitigen (reziproken) Austauschbeziehungen sollen mit einer größeren Linienbreite dargestellt werden als die einseitigen. Zudem werden reziproke Beziehungen in Magenta, einseitige Beziehungen dagegen in schwarz eingefärbt (vgl. Abb. 4.16).

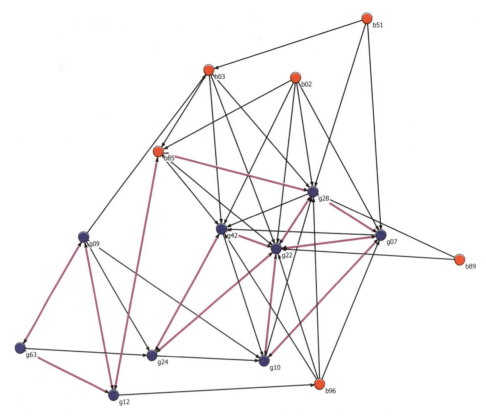

Abb. 4.17 Diagramm mit Hervorhebung reziproker und nichtreziproker Beziehungen

Als Ergebnis erhält man eine Darstellung (Abb. 4.17) der folgenden Art:

4.11.1 Hervorhebung Simmelscher Beziehungen

Für die Analyse von cliquenähnlichen Gebilden sind vor allem die Simmelschen Beziehungen von Bedeutung. Bei diesen handelt es sich um reziproke Beziehungen, die in Triaden eingebettet sind, die ihrerseits nur reziproke Beziehungen enthalten. Cluster von Triaden, die nur eingebettete Beziehungen enthalten, kann man als cliquenartige Gebilde interpretieren.

Um die Simmelschen Beziehungen in einer Visualisierung des Netzwerks hervorzuheben, kann man die entsprechenden Kanten zusätzlich noch mit einer höheren Linienstärke zeichnen als die einfachen reziproken Beziehungen. Hierzu verwendet man den Menüpfad „Transform → Simmelian Ties". Hierdurch wird eine gewichtete Beziehung namens ‚Simmelian Decomp' definiert, die für asymmetrische Beziehungen das Kantengewicht 1, für einfach symmetrische Beziehungen das Kantengewicht 2 und für Simmelsche Beziehun-

4.11 Hervorhebung reziproker Beziehungen

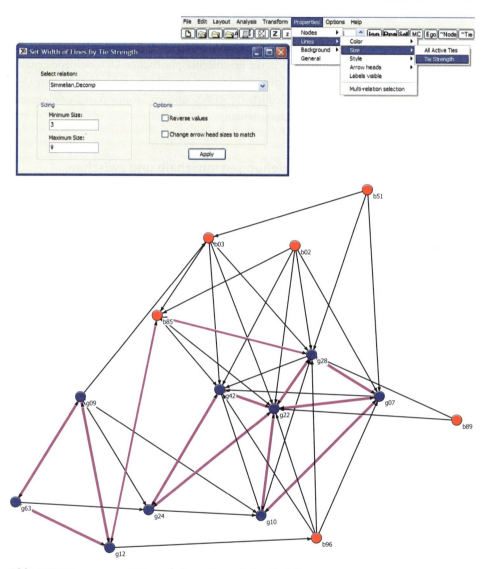

Abb. 4.18 Diagramm mit Hervorhebung simmelscher Beziehungen

gen das Kantengewicht 3 besitzt. Mit Hilfe des Menüpfades „Properties → Lines → Size → Tie Strength" lassen sich diese Kantengewichte auf die Linienbreite der Kanten abbilden (dazu auch Abb. 4.18).

Bereits an diesem Diagramm wird sichtbar, dass reziproke Beziehungen hauptsächlich zwischen den Studentinnen bestehen. Die Studentinnen weisen zudem zwei schwach miteinander verbundene Cluster Simmelscher Triaden auf, die auf eine cliquenartige Substruktur unter den Studentinnen hindeuten könnte. Nur ein Student (b85) verfügt über reziproke Beziehungen zu anderen Studierenden. Über diesen sind die beiden cliquenartigen Gebilde unter den Studentinnen miteinander bidirektional verbunden.

Für die weitere Analyse lohnt es sich, die geschlechtsspezifischen Unterschiede genauer zu betrachten. Wir könnten z. B. die Beziehungen innerhalb und zwischen den Geschlechtergruppen farblich unterschiedlich darstellen und die reziproken Beziehungen durch die Linienbreite der Kanten unterscheiden.

4.11.2 Visualisierung der Beziehungen innerhalb und zwischen Gruppen

Hierzu gehen wir folgendermaßen vor: Zunächst färben wir mit Hilfe des Menüpfads „Analysis → Reciprocal ties" alle Kanten einheitlich, z. B. aquamarin, ein und unterscheiden reziproke und nicht-reziproke Beziehungen nur durch die Linienbreite der entsprechenden Kanten (3: non-reciprocal; 6: reciprocal). Sodann wählen wir unter allen Studierenden nur die Studentinnen aus (ID beginnt mit „g") und färben alle Kanten mit Hilfe des Menüpfades „Properties → Lines → Color → General" blau ein. Danach wählen wir unter allen Studierenden nur die Studenten aus (ID beginnt mit „b") und färben alle Kanten mit Hilfe des Menüpfades „Properties → Lines → Color → General" rot ein. Abschließend stellen wir wieder das Netzwerk aller Studierenden dar und erhalten ein Netzwerkdiagramm, in dem die Beziehungen zwischen den Studentinnen blau, die Beziehungen zwischen den Studenten rot und die Beziehungen zwischen den beiden Geschlechtergruppen türkis eingefärbt sind. Zudem werden reziproke Beziehungen durch Kanten mit einer größeren Linienbreite dargestellt als einseitige Beziehungen. Auf die Unterscheidung zwischen einfach symmetrischen und Simmelschen Beziehungen wurde verzichtet, um die Visualisierung nicht mit zu viel Information zu überfrachten (hierzu Abb. 4.19).

An dieser Darstellung wird sichtbar, dass die Studentinnen untereinander einen regen Austausch von Studienmaterial pflegen, der vielfach wechselseitig ist, während die Studenten kaum Studienmaterial untereinander austauschen und sich meist an die Studentinnen wenden, um an solches zu kommen. Hier gibt es allerdings kooperationswilligere Ansprechpartnerinnen (z. B. g28) und weniger kooperationswillige Ansprechpartnerinnen (z. B. g10).

Der Student b85 spielt eine Ausnahmerolle, da er als Einziger reziproke Austauschbeziehungen zu Studentinnen unterhält. Er ist auch Ansprechpartner anderer Studenten bei der Beschaffung von Studienmaterial (b02 und b03).

Die Kooperationsbereitschaft der verschiedenen Akteure lässt sich ebenfalls visualisieren. Dazu fragen wir

- *an wie viele* Mitstudierende wurde Studienmaterial ausgeliehen? – Dies ist die Anzahl *eingehender* Kanten bzw.
- *von wie vielen* Mitstudierenden wurde Studienmaterial besorgt? – Dies ist die Anzahl *ausgehender* Kanten

4.12 Markierung der Zentralität von Knoten

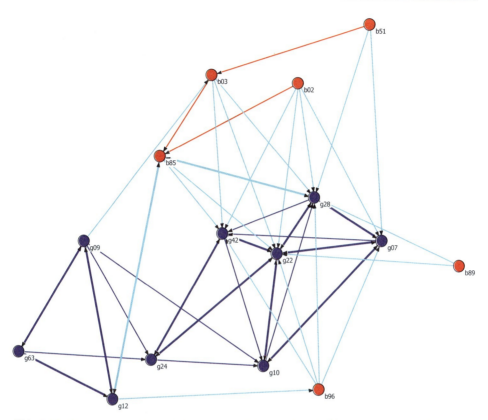

Abb. 4.19 Diagramm mit Hervorhebung von Beziehungen innerhalb von Gruppen und Beziehungen zwischen Gruppen

Je nachdem für welche der beiden Fragen wir uns interessieren, können wir die die Anzahl eingehender oder die Anzahl ausgehender Kanten eines Knotens als dessen Knotengröße kodieren.

Noch ein Hinweis: an diesem Beispiel wird deutlich, dass man sich bei der Interpretation des Graphen immer die Definition der zugrundeliegenden Beziehung vergegenwärtigen muss. Im vorliegenden Fall bedeutet A → B, dass A sich von B Studienmaterial besorgt hat.

4.12 Markierung der Zentralität von Knoten

Die Netzwerkanalyse kennt eine ganze Menge unterschiedlicher Zentralitätsmaße. Das einfachste Maß hiervon ist der Degree. Dieses Maß ist ein sog. lokales Maß, da es von jedem Knoten die ein- und/oder ausgehenden Kanten berücksichtigt. Die Zahl der in einem Knoten endenden Kanten wird Eingangsgrad (indegree) und die Zahl der von einem Kno-

Hierauf erscheint ein Auswahlmenü für verschiedene Zentralitätsmaße.

Benötigt wird nur der Knotengrad (Degree) für gerichtete Graphen (Directed versions).

Allerdings speichert *NetDraw* bislang alle angegebenen Zentralitätsmaße als Knotenattribute, auch diejenigen, die gar nicht ausgewählt wurden.

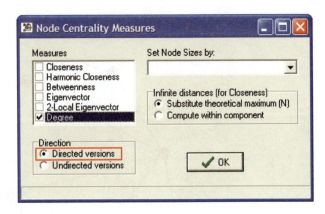

Abb. 4.20 Knotenzentralität

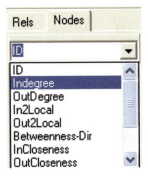 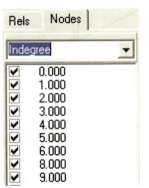

Abb. 4.21 Auswahl „Indegree" im Knotenauswahlmenü

ten ausgehenden Kanten Ausgangsgrad (outdegree) des Knotens genannt. *NetDraw* stellt diese Kennzahlen als Knotenattribute zur Verfügung (vgl. Abb. 4.20).

▶ Hierzu wählt man den Menüpfad „Analysis → Centrality measures".

Im nächsten Schritt müssen die in den Knotenattributen gespeicherten Werte des jeweiligen Zentralitätsmaßes im Diagramm visuell kodiert werden. Die Knotenattribute lassen sich in der Registerkarte „Nodes" auswählen. Im vorliegenden Fall ist dies zunächst das Attribut „Indegree" (Abb. 4.21).

4.12 Markierung der Zentralität von Knoten

Abb 4.22 Das Markieren, dass die Knotengröße im Verhältnis zur Zentralität abgebildet wird, erfolgt im Optionsmenü zur Knotenauswahl

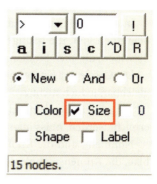

Nachdem, wie in der Abb. 4.21 gezeigt, Indegree ausgewählt wurde, fehlt nur noch ein Häkchen im unteren Teil der Registerkarte. Hier muss man dann noch ein Häkchen im Feld „Size" setzen (siehe Abb. 4.22), um die Größe der Knotensymbole entsprechend dem Eingangsgrad des jeweiligen Knotens festzulegen.

Durch die Auswahl wird die Darstellung der Knotengröße relativ zum Degreewert beeinflusst. Je größer der Knoten nun dargestellt wird, umso höher ist der zugehörige, vom Programm errechnete „Indegree".

Im Anschluss wählt man das Knotenattribut „InDegree" oder „OutDegree" aus. Die folgende Darstellung 4.23 zeigt das Ergebnis der Manipulation der Knotengröße nach dem Zentralitätsmaß des Degrees.

Eingangsgrad (Indegree)   Ausgangsgrad (Outdegree)

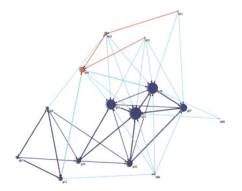 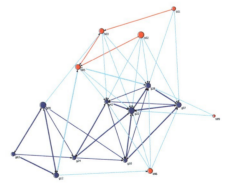

Die Knotensymbole sind umso größer, je höher die Anzahl der Kommilitonen ist, an die der Studierende Studienmaterial ausgeliehen hat.
In diesem Diagramm werden demnach die „Produzenten" hervorgehoben.

Die Knotensymbole sind umso größer, je höher die Anzahl der Kommilitonen ist, von denen sich der Studierende Studienmaterial besorgt hat.
In diesem Diagramm werden demnach die „Konsumenten" hervorgehoben.

Abb. 4.23 Diagramme mit Knotengrößen relativ zum Degree

Interpretiert man nun die Ergebnisse, so zeigt sich, dass es einen Kern von drei Studentinnen gibt, die häufiger Studienmaterial weitergeben. Es sind aber nicht unbedingt dieselben, die auch Studienmaterial empfangen.

Die Größe der Knotensymbole ist dabei nur innerhalb der jeweiligen Diagramme vergleichbar, jedoch nicht zwischen den beiden Diagrammen. Soll, so wie in der obigen Abbildung, auch die Vergleichbarkeit der Knotengröße zwischen den beiden Diagrammen erreicht werden, muss man dies (mühsam) manuell bewerkstelligen.

Nunmehr sind die Knotensymbole der Studentinnen sowie die Pfeile zwischen ihnen blau, die Knotensymbole der Studenten sowie die Pfeile zwischen ihnen rot und die Pfeile zwischen Studentinnen und Studenten aquamarin eingefärbt. Die zu wechselseitigen Beziehungen gehörigen Pfeile haben eine größere Linienbreite als diejenigen, die zu einseitigen Beziehungen gehören. Die unterschiedliche Größe der Knotensymbole spiegelt den Eingangs- bzw. Ausgangsgrad der jeweiligen Knoten wider. Hervorgehoben sind die Produzenten bzw. Konsumenten.

4.13 Speichern eines Netzwerkdiagramms (Graphikdatei)

Das Netzwerkdiagramm kann man in die Zwischenablage kopieren oder als Datei speichern.

4.13.1 Kopieren in die Zwischenablage

Durch Drücken der Tastenkombination Strg+C kann das Netzwerkdiagramm in die Zwischenablage kopiert werden. Von dort aus kann es in einem anderen Programm, z. B. einem Text- oder Bildverarbeitungsprogramm durch Drücken von der Tastenkombination Strg+V wieder geladen und weiter verarbeitet werden.

4.13.2 Speichern in einer Datei

Wenn Sie erfolgreich das Netzwerkdiagramm erstellt haben, kann dieses nun gesichert werden. Im Menü File stehen unter dem Menüpfad „**File → Save Diagram As**" verschiedene Optionen für das Format der Graphikdatei zur Verfügung, in der das gerade angezeigte Netzwerkdiagramm gespeichert werden soll:

- Metafile mit der Wahlmöglichkeit
    - Enhanced metafile (*.emf) oder
    - Windows metafile (*.wmf)
- Bitmap
- Jpeg

Soll die Graphik in ein Worddokument oder eine Präsentation eingebunden werden, eignet sich das Enhanced Metafile Format erfahrungsgemäß besonders gut. Das gespeicherte Bild lässt sich dann in einem Bericht ohne Qualitätsverlust vergrößern und verkleinern. Insbesondere das stark komprimierte.jpeg-Format produziert unreine Linien und Konturen.

4.14 Zusammenfassung

In *NetDraw* kann man Beziehungsdaten (tie data) eingeben. In ähnlicher Weise lassen sich auch Daten über Knoteneigenschaften (node data) eingeben. Die einzige Eigenschaft der Beziehung selbst, das Kantengewicht, ist in den Beziehungsdaten bereits enthalten. Zur visuellen Gestaltung der Netzwerkgraphik lassen sich zusätzliche graphische Eigenschaften der Knotensymbole (node properties) und der Kantensymbole (tie properties) definieren. Mit dem Programm *NetDraw* kann man ziemlich viele Eigenschaften der visuellen Darstellung von Netzwerken relativ einfach verändern.

4.15 Weiterführende Literatur zur Visualisierung von Netzwerken

Wir haben hier einige Hinweise auf Literatur zum Thema zusammengestellt. Das wohl umfassendste Werk zu Regeln und Wirkungen von Visualisierungen ist das Buch von Lothar Krempel (2005), welches den Titel „Visualisierungen komplexer Strukturen" trägt. Gute, aber weit kürzere Einführungen in die Regeln der Visualisierung bieten auch die Beiträge von Jürgen Pfeffer (2008) „Visualisierung sozialer Netzwerke" und Lothar Krempel (2010) „Netzwerkvisualisierung".

Im nächsten Kapitel zeigen wir, wie man eine Attribut-Datei lädt und die Daten in *NetDraw* anwendet. Danach behandeln wir den Aufbau von Diagramm-Dateien und wie man diese manipulieren kann.

Erweiterungen: Attribut-Dateien, Ego-Netzwerke und Diagrammdateien

5

In diesem Kapitel behandeln wir weitere Funktionen von *NetDraw*. Zunächst einmal geht es darum, wie Knotenattribute in NetDraw eingelesen werden können. Dann wenden wir uns der Darstellung von Netzwerken einzelner Teilnehmer (persönlicher oder Ego-Netzwerke) zu. Diese sind natürlich immer nur im Kontext des jeweils erhobenen Netzwerks zu betrachten. Das Ende des Kapitels wird durch eine Besprechung des *NetDraw* spezifischen Datenformats gebildet. Dies ist wichtig, weil man die sog. „vna-Dateien", wenn man etwas geübt ist, selbst bearbeiten kann. Wenn man in der Lage ist, dieses Format selbst zu bearbeiten, bekommt man ein mächtiges Instrument in die Hand, mit dem man weit über die in *NetDraw* vorgesehenen Visualisierungsmöglichkeiten hinaus gehen kann.

5.1 Attribut-Dateien

Wie bereits gesagt, reicht die Ansicht der Struktur von Netzwerken alleine nicht aus, um die Daten interpretieren zu können. Man braucht Informationen über die Eigenschaften der Knoten. Im behandelten Beispiel war vor allem eine Eigenschaft herausragend: das Geschlecht. Dieses war mit den Labels der Knoten selbst schon markiert. Auf diese Weise konnte das Attribut Geschlecht für einfache Manipulation in der Darstellung der Knoten verwendet werden. Bei größeren Datenmengen oder wenn das Merkmal nicht, wie in unserem Beispiel, bereits im Knotenlabel kodiert ist, ist es sinnvoll, die Attribute über einen anderen Weg einzulesen. Meist liegen auch noch weitere Daten über die Attribute vor. Diese können bei der Interpretation, wie gesagt, sehr hilfreich sein. In diesem Abschnitt zeigen wir, wie man die Attribute zu den Knoten einliest und was man mit den eingelesenen Attributen anfangen kann.

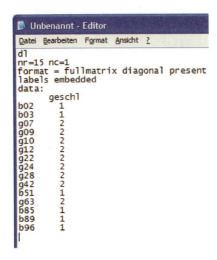

Mit Hilfe dieser Datei kann man Attribute in *NetDraw* laden. Es handelt sich um das normale *UCInet*-Einleseformat.

Die Datei beginnt mit „dl".

Dann wird die Anzahl an Zeilen „nr:" (Knotenzahl) und die Zahl der einzulesenden Attribute „nc:" (hier nur eines) angegeben.

Das Format ist in diesem Beispiel eine gesamte Matrix „fullmatrix"; die Diagonale ist hierbei von Bedeutung.

Die bereits bekannte Anweisung „labels embedded" folgt. Nach dem Schlüsselwort „data:" beginnt der Datenbereich.

Um die Dateneingabe zu erleichtern kann man den Tabulator des Editors nutzen.

Abb. 5.1 Attribut-Datei

5.1.1 Definition von Attribut-Dateien

Zunächst aber zur Definition von Knotenattributen. Diese werden ebenfalls im *UCInet*-Importformat eingelesen. Wir führen dies am Attribut „Geschlecht" für die Beispieldaten vor.

Die Kodierung ist: 1 für männlich, 2 für weiblich.

Die Datei (vgl. Abb. 5.1) wird ebenfalls wieder mit einer Datendefinition versehen, der mit der Anweisung „dl" beginnt. Die Zeichen nr: stehen für die Anzahl an Zeilen der Datenmatrix (**n**umber of **r**ows) [# Knoten], nc: bedeutet die Anzahl der Spalten der Datenmatrix (number of columns) [# Attribute].

Wir schlagen vor, so wie die „class-Daten" des Unterstützungsnetzwerkes der slowenischen Studierenden manuell eingegeben wurden, die Attribut-Datei ebenfalls per Hand im Editor zu erstellen. Hierzu kann, wie beschrieben, beispielsweise wieder der mit dem Betriebssystem gelieferte Editor verwendet werden. Nach Eingabe der Daten wird die Datei abgespeichert. Sinnvollerweise versieht man diese mit der Dateiendung „.dl". Als Dateinamen schlagen wir vor „class_geschl.dl" zu nehmen.

5.1 Attribut-Dateien

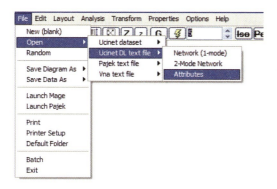

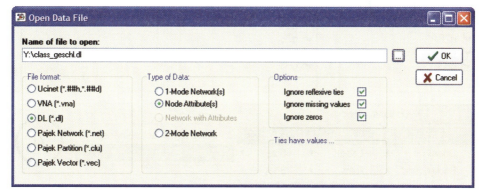

Abb. 5.2 Einlesen von Knotenattributen

5.1.2 Import von Attribut-Dateien

Als nächstes kann die Attribut-Datei in *NetDraw* eingelesen werden (vgl. Abb. 5.2). Diese können zu bereits geöffneten Netzwerkdateien hinzu geladen werden. Dabei geht man vor, wie in der folgenden Abbildung gezeigt. Wichtig ist, dass man im „Open Data File" Menü daran denkt, die Optionen so anzuklicken, wie in der Abbildung angegeben. Insbesondere muss man „node attributes" auswählen. Wenn man den Anweisungen genau folgt, sind diese Voreinstellungen bereits vom Programm vorgenommen.

Nach Bestätigung durch die „ok" Taste liest *NetDraw* nun die Attribute ein. Diese stehen für die weiteren Analysen zur Verfügung.

5.1.3 Anwendungen von Attributen

5.1.3.1 Attributbasiertes Einfärben von Knoten

Wir zeigen nun in der folgenden Abb. 5.3, wie man die Knoten aufgrund ihrer Attribute unterschiedlich einfärben kann. Nach Einlesen der Attribut-Daten können wir nach-

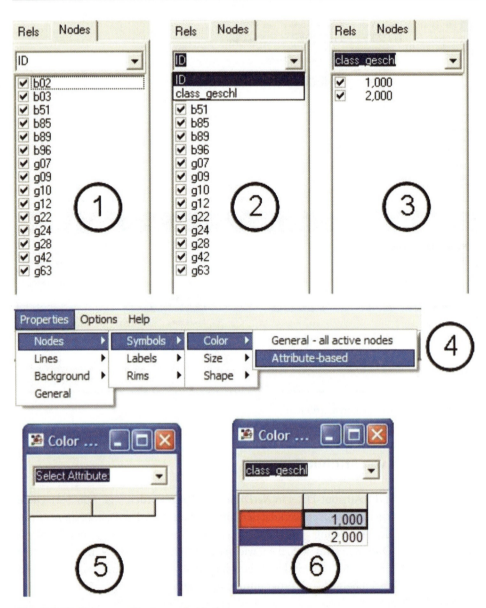

Abb. 5.3 Einfärben von Knoten nach Attributen

schauen, ob die Attribute auch geladen wurden (Schritte 1–3). Hierzu klickt man auf der rechten Seite auf das Knotenauswahlmenü. Im Fenster unter dem Reiter „Node" steht dort „ID". Wenn wir auf das daneben liegende Dreieck klicken, erscheint nun das eingelesene Attribut zur Auswahl, welches den Namen der eingelesenen Datei trägt. Wenn Sie unserem Vorschlag gefolgt sind und die Datei „class_geschl.dl" genannt haben, so finden Sie dort diesen Namen („class_geschl") wieder. Man kann erkennen, dass die Ausprägungen 1 und 2 aufgenommen wurden (hier automatisch dargestellt mit Dezimalstellen).

5.1 Attribut-Dateien

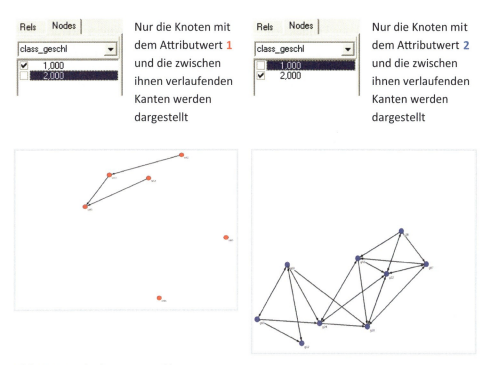

Abb. 5.4 Attributbasiert auswählen

In den nächsten drei Schritten wird gezeigt, wie die Knoten einzufärben sind. Schritt 4 zeigt den Aufruf dazu:

▶ Properties → Nodes → Symbols → Color → Attribute-based

Nach dem dargestellten Aufruf erscheint das Fenster (5) zur Auswahl der Attribute. Über das rechte Dreieck lässt sich wiederum die Auswahl anzeigen. Klickt man nun auf den Variablennamen „class_geschl", so werden die Knoten unterschiedlich je nach Ausprägung des Attributs eingefärbt (1– männlich – rot; 2– weiblich – blau).

5.1.3.2 Attributbasierte Auswahl von Teilgruppen

Neben der attributbasierten Einfärbung der Knoten kann man auch eine attributbasierte Auswahl treffen. Wie das möglich ist, wird in der folgenden Abbildung gezeigt. Durch Entfernen des jeweiligen Häkchens vor der Ausprägung der Attributvariablen kann man auswählen, dass nur Knoten gezeigt werden, auf die ein bestimmtes Merkmal zutrifft. Hier in unserem Fall wählt man also nur solche Knoten aus, auf die zutrifft, dass ihnen das Attribut „männlich" zugeordnet ist (linke Seite der folgenden Abb. 5.4). Man kann wahlweise auch nur die Beziehungen zwischen den Frauen darstellen. Diese Auswahlmöglichkeit kann für die Analyse sehr nützlich sein, wenn man den Blick des Betrachters auf die internen Beziehungen einer bestimmten Merkmalsgruppe lenken will.

Mit Hilfe dieser Funktion können Teilnetzwerke aktiviert oder deaktiviert werden. Auf diese Weise ist es möglich, im Beispielnetzwerk nur die Beziehungen der Frauen untereinander oder der Männer unter sich darzustellen. Diese Funktion hat durchaus einen analytischen Nutzen, da man leicht feststellen kann, inwiefern ein Attribut Einfluss auf die Beziehungsstruktur ausübt.

Für die Definition eines Subnetzwerks auf der Basis eines Knotenattributs benutzt man die Registerkarte „Nodes" ganz analog des Aktivierens und Deaktivierens einzelner Knoten. Im hier verwendeten Beispieldatensatz wäre dies das Attribut „class_geschl". Sodann muss man über die Ausprägung (z. B. Kode „2" für „weiblich") des Attributs die Knoten auswählen, deren Subnetzwerk dargestellt werden sollen.

Die zwischen den Gruppen verlaufenden Kanten sind inaktiv, sie werden also im Netzwerkdiagramm nicht dargestellt.

Durch Drücken des Symbols ~Node lassen sich alle Knoten des Graphen wieder aktivieren und auf der Zeichenfläche darstellen. Ggf. müssen allerdings die gewünschten graphischen Eigenschaften der Knoten wiederhergestellt werden.

Vergleicht man die Beziehungsstruktur innerhalb der Knoten mit dem Attribut „weiblich" mit den Beziehungen der Männer untereinander, so zeigt sich, dass es die Dichte an Beziehungen innerhalb der Gruppe der Männer weit geringer ist.

5.2 Ego-Netzwerke

Besonders instruktiv kann die Darstellung des Ego-Netzwerks eines Knotens sein, also die Darstellung des Subnetzes der mit diesem Knoten (Ego) direkt oder über Zwischenstationen verbundenen Knoten. Dabei kann die maximale Anzahl der Zwischenstufen angegeben werden. Als Ego-Netzwerk im engeren Sinne bezeichnet man das Subnetzwerk aller mit einem vorgegebenen Knoten (Ego) direkt verbundenen Knoten (Alteri) des Netzwerks. Als Beispiel soll das Egonetzwerk von b02 dargestellt werden.

Hierzu muss das Symbol Ego angeklickt und im Eingabefenster der Knoten b02 auswählt werden. Voreingestellt ist die Darstellung eines Ego-Netzwerks im engeren Sinne. Dies kann man jedoch ändern, indem man in die Eingabefelder „Geodesic distance FROM ego" bzw. „Geodesic distance TO ego" einen anderen Wert als 1 einträgt. (Auch durch Änderung der Vergleichsoperatoren und des Verknüpfungsoperators kann man die Auswahl des Subnetzwerks beeinflussen.) Mit „geodesic distance" ist die graphentheoretische Distanz zwischen zwei Knoten gemeint, also die Anzahl der Kanten, die mindestens durchlaufen werden müssen, um von einem Knoten zum anderen zu gelangen, wobei die Richtung der Kanten mit zu berücksichtigen ist („Einbahnstraßen-Regelung").

Mit Hilfe der Ego-Funktion können auch die Ego-Netzwerke mehrerer Knoten gleichzeitig dargestellt werden. Im einfachsten Falle sind dies die Subnetzwerke der Knoten, die mit einem der ausgewählten Knoten direkt in Beziehung stehen. Bei den unten aufgeführten Einstellungen erhält man das Ego-Netzwerk des Knotens b02 (im engeren Sinne), d. h. das Subnetzwerk der Knoten, die mit b02 direkt in Beziehung stehen.

Im Ego-Netzwerk (siehe Abb. 5.5) des Knotens b02 ist das Knotensymbol von Ego (b02) schwarz und die Knotensymbole der Alteri grün eingefärbt. Das Knotensymbol von Ego ist

5.2 Ego-Netzwerke

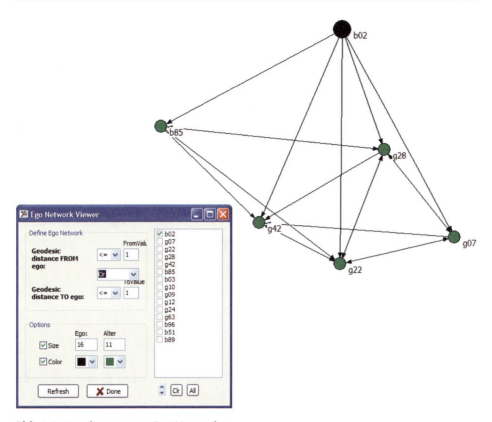

Abb. 5.5 Visualisierung von Ego-Netzwerken

durch seine Größe hervorgehoben. Weitere Ego-Netzwerke lassen sich durch Setzen eines Häkchens hinzufügen.

Die Ego-Netzwerkdarstellung entspricht der im Kap. 1 dargestellten „first-order-Zone", allerdings hier bezogen auf ein einzelnes Netzwerk innerhalb eines sozialen Kreises. Darin werden alle Verbindungen von Ego zu den Alteri gezeigt, mit denen er in Verbindung steht. Darüber hinaus werden auch noch diejenigen Knoten abgetragen, die in seinem Umfeld untereinander in Kontakt stehen. Auf diese Weise wird auch noch der Beziehungskontext des Einzelnen transparent.

Innerhalb des erhobenen sozialen Kreises kann man sogar noch eine Stufe weitergehen und die „second order zone" des erhobenen Netzwerkes mit einbeziehen. Dann hätte man auch noch die Kontakte der Kontakte (also die geodätische Distanz von zwei) mit in die Betrachtung einbezogen.

Noch mehr Aussagekraft hat die egozentrierte Darstellung, wenn man noch weitere Informationen hinzunimmt. Da wir hier nur über die Information des Geschlechts verfügen, nehmen wir es für die nächste Darstellung ebenfalls auf. Die geht am schnellsten über die Schaltfläche für die Einfärbung nach Attributen. Das Vorgehen wurde oben schon einmal anhand der Menüauswahl gezeigt:

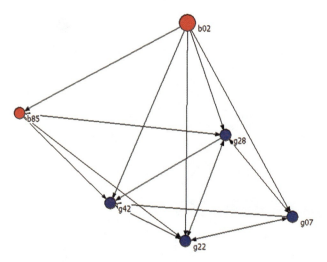

Abb. 5.6 Einfärben von Knoten nach Attributen in Ego-Netzwerken

- Anklicken des Symbols
- Auswählen des Attributs „class_geschl"

Im folgenden Diagramm des Ego-Netzwerkes des Knotens b02 sind die Knotensymbole der Studentinnen blau und die Knotensymbole der Studenten rot eingefärbt (siehe Abb. 5.6). An der Hervorhebung des Knotensymbols von Ego (Größe) ändert sich dabei nichts.

Mit diesen wenigen Schritten sind bereits die wichtigsten Manipulationsmöglichkeiten der graphischen Darstellung von Netzwerkgraphen aufgezeigt.

Im folgenden Abschnitt beschäftigen wir uns mit dem Abspeichern der Daten in einer Datei, die es erlaubt, das Ergebnis der Anstrengungen zu sichern und später darauf wieder zurückzugreifen.

5.3 Diagrammdaten (vna-Format)

5.3.1 Diagrammdaten sichern

Hat man nun eine Abbildung erzeugt, mit der man zufrieden ist oder an der später weitergearbeitet werden soll, so sollte man die Daten der Abbildung so sichern, dass man später wieder darauf zurückgreifen kann. Das Format, in dem das möglich ist, nennt sich in NetDraw „vna-Format".

Speichern Sie also die Datei z. B. unter dem Namen „class.vna" (dazu auch Abb. 5.7).

▶ File → Save Data As → vna

Diese enthält neben den eingegebenen Daten auch die Beschreibung der graphischen Eigenschaften der Visualisierung des Netzwerkes und die hinzu geladenen und im Pro-

5.3 Diagrammdaten (vna-Format)

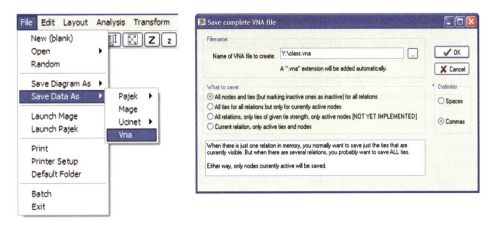

Abb. 5.7 Menüs zum Abspeichern der Diagrammdatei im „vna"-Format

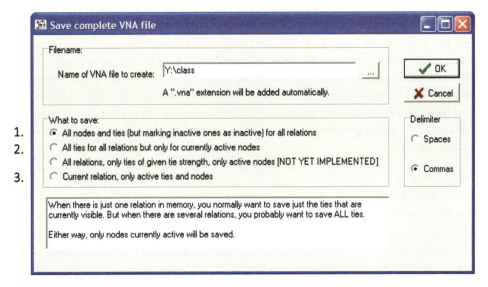

Abb. 5.8 Optionen beim Speichern einer .vna-Datei

gramm selbst erzeugten Knotenattribute. Mit einem Editor lässt sich diese Datei öffnen und manuell weiterbearbeiten. Dies kann in vielen Fällen sehr hilfreich sein.

Wenn man nun in der beschriebenen Weise zum Speichern der Diagrammdaten das Menü **File** benutzt und den Menüpfad „**File → Save Data As**" wählt, werden im sich öffnenden Eingabefenster verschiedene Optionen angeboten (Abb. 5.8, von oben nach unten):

1. Daten aller Knoten und Kanten sowie die graphischen Eigenschaften der Knoten- und Kantensymbole *für alle Beziehungstypen sichern,*

2. Daten *aller aktiven Knoten* und der sie verbindenden Kanten sowie die graphischen Eigenschaften der dazugehörigen Knoten- und Kantensymbole *für alle Beziehungstypen* sichern und
3. Daten *aller aktiven Knoten und Kanten* sowie die graphischen Eigenschaften der dazugehörigen Knoten- und Kantensymbole *für den augenblicklich dargestellten Beziehungstyp* sichern.

Meistens empfiehlt es sich, alle Knoten und Kanten für alle Beziehungstypen zu sichern. Dabei werden die deaktivierten Knoten und Kanten als inaktiv markiert und können später wieder „angeschaltet" werden.

5.3.2 Die Diagramm-Datei („.vna"-Format)

Um die Abbildung später wieder genauso laden zu können, wurde das „.vna"-Format eingeführt. Eine .vna-Datei wird durch die Vergabe dieser Namenserweiterung gekennzeichnet. Die .vna-Dateien lassen sich in einem Editor öffnen, anschauen und auch bearbeiten. Dazu muss man wissen, dass die Diagrammdaten dort in einer geordneten Reihenfolge abgelegt sind. Mussten vorher die Knotenattribute und die relationalen Daten getrennt aufgehoben werden, so findet man diese in der .vna-Datei vereint. Dort sind zunächst **Knotenattribute (node data)** gespeichert, auch solche, die man später zur eigentlichen Netzwerkdatei hinzu geladen hat oder solche, die im Analyseprozess in *NetDraw* selbst erzeugt wurden.

*Node data
"ID", "class_geschl"
< ... Daten der Knotenattribute *ID* und *class_geschl* ... >

Der nächste Abschnitt dieser Datei besteht aus den **graphischen Eigenschaften der Knoten (node properties)**. Hiermit sind die Koordinaten der Knoten in der Netzwerkgraphik, die Farbe, die Form, aber auch die Labels und eine Information darüber, ob der Knoten in der Darstellung aktiv ist oder nicht, gespeichert.

*Node properties
ID x y color shape size labeltext labelsize labelcolor gapx gapy active rimsize rimcolor
< ... Daten der graphischen Eigenschaften der Knotensymbole ... >

Neben den Daten über die Knoten finden sich dort auch die **Angaben über die Beziehungen (tie data)**. Dort ist verzeichnet, welcher Knoten mit welchem anderen in einer Beziehung mit welchem Gewicht steht.

5.3 Diagrammdaten (vna-Format)

*Tie data
FROM TO "class"
< ... Daten der Austauschbeziehung (generischer Namen: class) ... >

Der vierte Teil der Datei besteht aus den **graphischen Eigenschaften der Kantensymbole (tie properties)**. Hierin ist verzeichnet, wie dick und in welcher Farbe die Kante gezeichnet wird. Ferner beinhaltet dieser Abschnitt auch Informationen zu den Pfeilen der Kanten (Größe und Farbe).

*Tie properties
FROM TO color size headcolor headsize active
< ... Daten der graphischen Eigenschaften der Kantensymbole ... >

Eine vna-Datei kann man auch ganz gut als Eingabedatei für *NetDraw* verwenden. Hierbei verzichtet man auf die Angabe der graphischen Eigenschaften der Knoten- und Kantensymbole („Node properties" und „Tie properties") und benutzt einfach nur die Paragraphen „*Node data" und „*Tie data". Der Vorteil besteht darin, dass man dann in ein und derselben Datei sowohl die relationalen Daten des Netzwerks („Tie data") als auch die Knotenattribute („Node data") speichern kann. Die Angabe der Knoten erfolgt über das Knotenetikett und falls ein solches nicht vorhanden ist über die Knotennummer.

Falls Sie ein vorhandene vna-Datei editieren wollen, werden Sie feststellen, dass die Angaben zur Farbe und zu den Formen der Knotensymbole numerisch kodiert sind. Daher hier einige Hinweise zu den Kodes:

Farbenkodes In *NetDraw* können Knoten und Kanten in verschiedenen Farben dargestellt werden (vgl. Abb. 5.9). Farben werden dabei durch Mischen der Grundfarben Rot, Grün und Blau erzeugt (RGB-Modell). Für jede der Grundfarben stehen 256 Abstufungen von 0 bis 255 bereit. Hieraus entsteht ein Farbraum von 256^3 Farben. In *NetDraw* ist für jede darstellbare Farbe dieses Farbraums ein Farbcode definiert, der sich als

$$\text{Farbcode} = \text{ROT} + \text{GRÜN} \times 256 + \text{BLAU} \times 256 \times 256$$

berechnet, wobei ROT, GRÜN und BLAU die Abstufung der jeweiligen Grundfarben Rot, Grün und Blau (mit Werten zwischen 0 und 255) ist. Der Farbcode variiert entsprechend zwischen 0 für Schwarz und 16777215 für Weiß.

In den Programmen der Microsoft Office – Suite lassen sich ganz analog z. B. die Schriftfarben mit Hilfe des 24-Bit RGB-Modells definieren und betrachten. Den Rest kann man mit dem Taschenrechner erledigen.

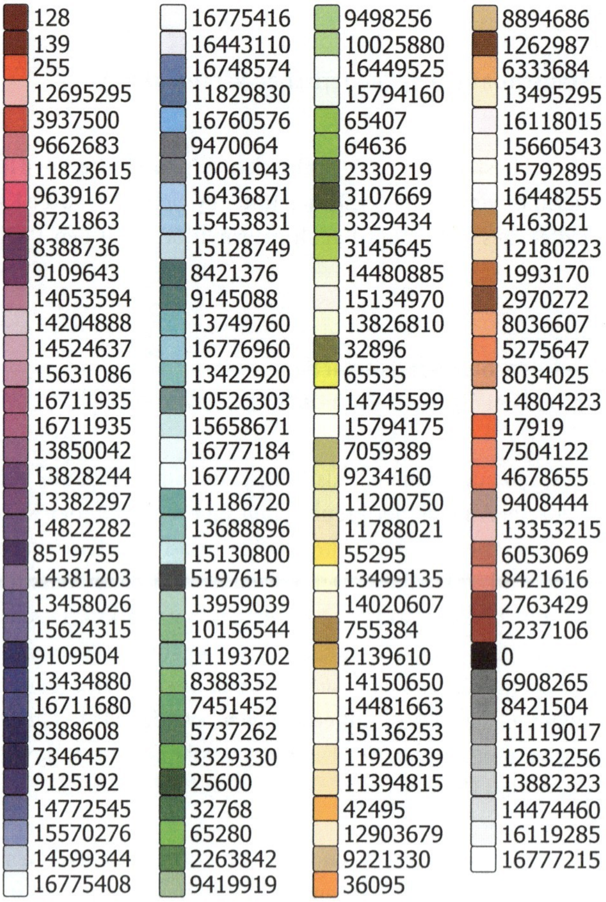

128	16775416	9498256	8894686
139	16443110	10025880	1262987
255	16748574	16449525	6333684
12695295	11829830	15794160	13495295
3937500	16760576	65407	16118015
9662683	9470064	64636	15660543
11823615	10061943	2330219	15792895
9639167	16436871	3107669	16448255
8721863	15453831	3329434	4163021
8388736	15128749	3145645	12180223
9109643	8421376	14480885	1993170
14053594	9145088	15134970	2970272
14204888	13749760	13826810	8036607
14524637	16776960	32896	5275647
15631086	13422920	65535	8034025
16711935	10526303	14745599	14804223
16711935	15658671	15794175	17919
13850042	16777184	7059389	7504122
13828244	16777200	9234160	4678655
13382297	11186720	11200750	9408444
14822282	13688896	11788021	13353215
8519755	15130800	55295	6053069
14381203	5197615	13499135	8421616
13458026	13959039	14020607	2763429
15624315	10156544	755384	2237106
9109504	11193702	2139610	0
13434880	8388352	14150650	6908265
16711680	7451452	14481663	8421504
8388608	5737262	15136253	11119017
7346457	3329330	11920639	12632256
9125192	25600	11394815	13882323
14772545	32768	42495	14474460
15570276	65280	12903679	16119285
14599344	2263842	9221330	16777215
16775408	9419919	36095	

Abb. 5.9 Kodierung der Farben in Diagrammdateien

Kodes für die Form des Knotensymbols 0: nichts; 1: Kreis; 2: Quadrat; 3: Dreieck nach oben; 4: Box; 5: Dreieck nach unten; 6: Kreis in der Box; 7: Diamant; 8: Pluszeichen; 9: Ding; 10: abgerundetes Quadrat.

5.3.3 Laden von Diagrammdateien

Der nun folgende Schritt zeigt, wie vna-Diagrammdatei wieder geladen werden kann (hierzu auch Abb. 5.10). Hierdurch wird der vor der Speicherung erreichte Stand der Visualisierung wieder hergestellt. (Ggf. müssen die Knotenetiketten und die Pfeilspitzen der Kantensymbole wieder an- bzw. ausgeschaltet werden, da sich *NetDraw* diese Einstellungen in der vna-Datei nicht „merkt".)

5.3 Diagrammdaten (vna-Format)

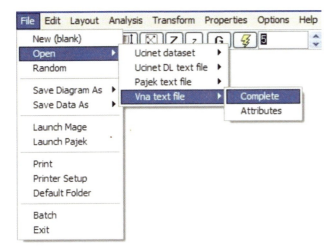

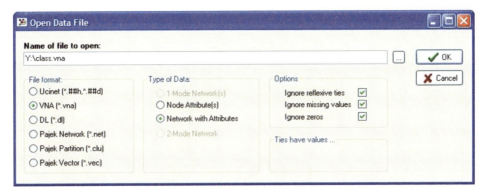

Abb. 5.10 Diagrammdaten laden

Bis hierhin wurden wichtige Grundfunktionen des Visualisierungsprogramms *NetDraw* dargestellt. Mit Hilfe dieser im Buch behandelten Funktionen kann man schon eine Menge anfangen und seine Daten präsentieren. Auch sind sogar schon ganz einfache Auswertungen möglich. Im folgenden Kapitel sollen die Funktionen an einem anderen Beispiel eingeübt und weitere Möglichkeiten beschrieben werden.

Praxisbeispiel: Beziehungen in einer Schulklasse

6

In Kapitel vier und fünf wurde ein recht einfaches Netzwerk besprochen. Dieses war unbewertet und besaß nur einen Beziehungstyp. Im Folgenden betrachten wir ein bewertetes Netzwerk, das in verschiedene Relationen zerlegt werden wird.

In diesem Kapitel diskutieren wir an einem etwas komplexeren Beispiel, wie Daten erhoben werden, wie man diese kodieren kann und welche Auswertungsstrategien für die Darstellung geeignet sind. Die in diesem Kapitel verwendeten Daten wurden in einer Schulklasse erhoben. Die Erhebung fand im Rahmen eines Seminars mit dem Titel „Schulpraktische Studien" an der Universität Frankfurt statt. Es handelt sich um eine Klasse in der sechsten Jahrgangsstufe des gymnasialen Zweiges einer Gesamtschule (11 Schüler, 12 Schülerinnen).

In der Klasse wurde das soziale Netzwerk der positiven und negativen Einstellungen der Schülerinnen und Schüler untereinander mit verschiedenen Netzwerkgeneratoren erhoben. Jeder Schüler und jede Schülerin wurde nach den eigenen Beziehungen gefragt (Ego-Netzwerke) und nach den Beziehungen der anderen untereinander. Parallel dazu wurde der Lehrer bzw. die Lehrerin gebeten, die positiven und negativen Beziehungen ihrer Schüler und Schülerinnen untereinander zu benennen. Die Erhebung war Teil eines Projekts „Kognitive Sozialstruktur" im Rahmen des Seminars „Schulpraktische Studien" (Stegbauer, JWGU, SS 2009).

In diesem Kapitel wird jedoch lediglich das Netzwerk untersucht, das sich aus den Ego-Netzwerken der einzelnen Schülerinnen und Schülern zusammensetzt. Zur Erfassung der Beziehungen wurden den Schülerinnen und Schülern Nummern zugewiesen. Für jeden Mitschüler sollte ein Wert angegeben werden, der die Beziehung von Ego, zu den anderen in der Klasse beschreibt.

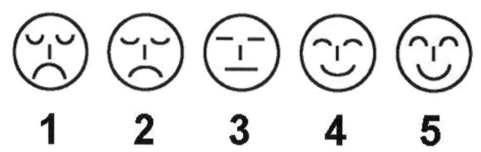

Abb. 6.1 Bipolare Rangskala, mit der die Einstellung zu Mitschülern erhoben wurden (Kunin-Gesichter)

6.1 Untersuchungsdesign

Zunächst zeigen wir, wie die Erhebung der Beziehungen von Schülern zu ihren Mitschülern, durchgeführt wurde. Jeder Schüler, jede Schülerin sollte über die Beziehungen zu den Mitschülern in der Klasse berichten. Hierzu wurde eine sog. bipolare Rangskala verwendet (siehe Abb. 6.1). Eine 1 bedeutet „Schüler/in x mag ich überhaupt nicht", eine 5 bedeutet, mit „x2 bin ich sehr gut befreundet". Es wurden „Kunin-Gesichter" (Kunin 1955) verwendet, die angekreuzt werden sollten, um die Einstellung zum/zur jeweiligen Mitschüler/in zu charakterisieren.

In den Beispieldaten in den vorigen Kapiteln wurden unbewertete, aber gerichtete Beziehungsdaten verwendet. Es wurde danach gefragt, wer von wem Material für das Studium ausgeliehen hatte. Nun haben wir es mit einer Rating-/einer Rangskala zu tun. Das bedeutet, dass die Beziehung nun nicht nur einfach benannt, sondern auch bewertet wird. Sie bekommt ein Gewicht. Mit diesem Gewicht lässt sich die Beziehung in Werten von eins bis fünf, also von Abneigung bis hin zu Freundschaft ausdrücken. Ferner sind die Beziehungsdaten gerichtet, da jedes Klassenmitglied alle anderen bewerten konnte.

Obgleich die Einstellung zweier Personen zueinander theoretisch symmetrisch konstruiert ist (etwa Freundschaft), findet man in empirischen Erhebungen immer auch nicht symmetrische Angaben über die Beziehung. Es kommt also vor, dass A seiner Beziehung zu B eine andere Bewertung gibt, als B zu A. Somit ist es sinnvoll, die Beziehungen als gerichtet zu betrachten[1]. Was man aus dem erhobenen Datenmaterial letztendlich macht, ob man z. B. nur wechselseitig positive oder negative Beziehungen als relevant ansieht, ist eine Entscheidung, die methodisch oder von der Forschungsfrage her begründet werden muss.

---

[1] Wir haben außer den Auskünften über die eigenen Beziehungen auch die kognitive soziale Struktur erhoben. Hierbei berichtet jedes Klassenmitglied über die ihm bekannten, bzw. von ihm vermuteten Beziehungen zwischen den anderen Schülern in der Klasse. Ein solches Vorgehen kann aufzeigen, wie individuelle Sichten auf die Beziehungen in einer Klasse variieren und worin die Differenz zwischen Forscher- und Teilnehmersicht auf Netzwerke (Stegbauer 2012a) besteht.

6.2 Datenorganisation und Eingabe

„Kreuze jeweils den Smiley an, der am besten deine Beziehung zu deinem Mitschüler oder deiner Mitschülerin beschreibt.

Beispiele: Wenn du mit einem Schüler sehr gut befreundet bist, dann kreuzt du den stark lachenden Smiley im Kästchen rechts neben seiner Nummer an. Und falls du einen Schüler absolut nicht magst, dann kreuzt du den sehr schlecht gelaunten Smiley im Kästchen rechts neben seiner Nummer an."

Abb. 6.2 Datenerhebung

Um die Datenerhebung (vgl. Abb. 6.2) möglichst einfach zu gestalten wurde jedem/r Schüler/in eine Nummer zugewiesen. Jede/r Schüler/in erhielt ein Kärtchen. Das Kärtchen wurde so platziert, dass alle übrigen Schüler/innen es sehen konnten und wussten, wer mit welcher Nummer gemeint war. Im Fragebogen war für jede/n Schüler/in eine Zeile bestehend aus dessen/deren Nummer und den fünf Kunin-Gesichtern eingetragen.

6.2 Datenorganisation und Eingabe

Wenn man eine solche Erhebung durchgeführt hat, stellt sich die Frage, wie man die Daten so organisiert, dass man auf diese, in einfacher Weise eingeben und verarbeiten kann. Da wir ein gewichtetes Netzwerk erheben, brauchen wir drei Angaben: 1) die Nummer der befragten Person, 2) die Nummer der Person zu der sich die befragte Person hinsichtlich ihrer Einstellung zu derselben äußert und den 3) den Zahlenwert mit dem diese Einstellung kodiert ist (vgl. Abb. 6.3).

Im vorliegenden Fall hatte die Klasse 23 Schüler. Das bedeutet, dass wir eine große Anzahl an Werten vorliegen haben. Es handelt sich um $23 \times 22 = 506$ Bewertungen der Interschülerbeziehungen. Wie schon gesagt, bedeutet eine 1, dass eine Person die andere überhaupt nicht mag, eine 5, dass die befragte Person angibt, mit der anderen befreundet zu sein.

Man erkennt leicht, dass in dem Datensatz auf die Nennung von Knotennamen verzichtet wurde. Die Knoten sind also entsprechend ihrer zeilen- bzw. spaltenweisen Anordnung in der Netzwerkmatrix nummeriert. Die Knotennamen sind mit den Knotennummern identisch.

Der Datensatz enthält fehlende Werte für folgende Beziehungen 6 → 7, 6 → 17 und 14 → 5. Diese sind durch ein Fragezeichen kodiert und rot hervorgehoben. Zur besseren Orientierung ist die mit Nullen besetzte Diagonale der Netzwerkmatrix blau hervorgehoben.

	1	2	3	4	5	6	7	8	9	10	11	12	13	14	15	16	17	18	18	20	21	22	23
1	0	4	2	2	3	2	1	5	1	1	2	4	5	3	5	1	5	2	1	5	4	5	2
2	4	0	4	4	3	3	3	4	3	3	4	1	3	3	3	4	1	3	3	3	3	3	1
3	3	2	0	3	3	4	4	5	3	5	4	3	4	3	3	5	3	3	4	4	5	3	3
4	2	4	4	0	5	3	4	4	2	3	5	4	4	5	4	3	4	5	3	5	4	4	5
5	2	2	3	5	0	2	4	4	2	3	5	2	3	5	2	2	3	5	3	4	3	2	4
6	3	3	4	3	3	0	?	5	5	4	3	3	5	?	3	5	5	3	5	5	3	3	2
7	3	3	3	3	4	2	0	3	3	2	4	5	3	4	3	3	3	5	2	3	3	3	5
8	4	4	5	3	3	5	3	0	4	3	2	4	5	3	5	4	5	4	5	5	5	5	2
9	3	3	3	3	3	4	3	4	0	2	3	3	4	3	4	5	4	3	4	3	3	3	2
10	3	1	5	3	2	3	3	4	3	0	3	4	3	3	5	4	2	2	5	4	4	3	3
11	1	3	4	5	5	1	5	1	3	4	0	4	1	4	1	2	1	4	2	1	3	2	5
12	4	3	5	3	3	5	5	5	4	5	4	0	5	4	5	4	5	4	5	5	5	5	5
13	4	4	4	3	3	5	3	5	4	3	1	3	0	3	5	4	5	2	4	5	5	5	3
14	2	1	2	4	?	4	4	4	1	1	4	3	4	0	3	1	4	5	3	4	3	2	3
15	5	3	3	3	4	4	3	5	4	4	1	3	5	5	0	4	5	3	4	5	3	5	3
16	3	3	5	3	4	3	3	4	5	4	3	3	4	3	4	0	4	3	4	4	4	3	3
17	4	4	3	3	3	5	3	5	4	3	2	4	5	3	5	4	0	3	5	5	5	5	2
18	2	3	4	5	5	3	5	4	3	3	4	4	4	5	4	3	4	0	3	5	4	3	5
19	2	1	4	2	3	5	2	5	3	4	2	2	4	2	5	3	5	2	0	5	3	3	1
20	5	3	4	3	4	5	3	5	3	2	1	4	4	4	5	3	5	3	4	0	5	5	2
21	5	2	5	2	2	3	3	5	1	1	3	3	5	5	1	4	5	3	3	5	0	5	2
22	5	3	3	4	4	3	4	5	3	3	4	4	5	4	5	3	5	4	4	5	5	0	4
23	2	1	4	5	5	1	5	3	1	3	5	5	3	4	3	1	3	5	3	3	3	4	0

- Es gibt keine Knotenetiketten, sondern nur Knotennummern. Diese sind grau unterlegt und gehören nicht zum Datensatz selbst.
- Die Diagonale ist mit Nullen belegt (keine selbstbezüglichen Einstellungsurteile).
- Fehlende Werte werden als Fragezeichen kodiert.

Abb. 6.3 Datenmatrix mit Identifikationsnummern in der Kopfzeile und Kopfspalte (grau unterlegt)

Der Datensatz enthält demnach 506 − 3 = 503 Beziehungsangaben (Anzahl der Matrixelemente minus Anzahl der Diagonalelemente minus Anzahl der fehlenden Werte, also (23^2 = 529) − 23 − 3).

6.3 Dateneingabe

Die Dateneingabe im Matrix-Format (format = fullmatrix) ist etwas mühsam. Allerdings ist dieses Format hier gut geeignet, da tatsächlich jede mögliche Beziehung einen Wert zugeordnet bekommt. Für die Dateneingabe arbeitet man am besten mit einem Tabellenkalkulationsprogramm (z. B. Excel). In diesem kann man die Eingaben Schüler für Schüler zeilenweise vornehmen. Man muss aber auf jeden Fall die gesamte Matrix eingeben, da ja alle Schüler/innen über alle anderen eine Bewertung abgegeben haben (abgesehen von ganz wenigen fehlenden Werten).

6.3 Dateneingabe

Abb. 6.4 Eingabe der Daten

Beziehungsdaten
Datei:"ego_bipolar.dl"

dl n=23
format=fullmatrix diagonal present
data:
```
0 4 2 2 3 2 1 5 1 1 2 4 5 3 5 1 5 2 1 5 4 5 2
4 0 4 4 3 3 3 4 3 3 4 1 3 3 3 3 4 1 3 3 3 3 1
3 2 0 3 3 4 4 5 3 5 4 3 4 3 3 5 3 3 4 4 5 3 3
2 4 4 0 5 3 4 4 2 3 5 4 4 5 4 3 4 5 3 5 4 4 5
2 2 3 5 0 2 4 4 2 3 5 2 3 5 2 2 3 5 3 4 3 2 4
3 3 4 3 3 0 ? 5 5 4 3 3 5 ? 3 5 5 3 5 5 3 3 2
3 3 3 3 4 2 0 3 3 2 4 5 3 4 3 3 3 5 2 3 3 3 5
4 4 5 3 3 5 3 0 4 3 2 4 5 3 5 4 5 4 5 5 5 5 2
3 3 3 3 3 4 3 4 0 2 3 3 4 3 4 5 4 3 4 3 3 3 2
3 1 5 3 2 3 3 4 3 0 3 4 3 3 5 4 2 2 5 4 4 3 3
1 3 4 5 5 1 5 1 3 4 0 4 1 4 1 2 1 4 2 1 3 2 5
4 3 5 3 3 5 5 5 4 5 4 0 5 4 5 4 5 4 5 5 5 5 5
4 4 4 3 3 5 3 5 4 3 1 3 0 3 5 4 5 2 4 5 5 5 3
2 1 2 4 ? 4 4 4 1 1 4 3 4 0 3 1 4 5 3 4 3 2 3
5 3 3 3 4 4 3 5 4 4 1 3 5 5 0 4 5 3 4 5 3 5 3
3 3 5 3 4 3 3 4 5 4 3 3 4 3 4 0 4 3 4 4 4 3 3
4 4 4 3 3 5 3 5 4 3 2 4 5 3 5 4 0 3 5 5 5 5 2
2 3 4 5 5 3 5 4 3 3 4 4 4 5 4 3 4 0 3 5 4 3 5
2 1 4 2 3 5 2 5 3 4 2 2 4 2 5 3 5 2 0 5 3 3 1
5 3 4 3 4 5 3 5 3 2 1 4 4 4 5 3 5 3 4 0 5 5 2
5 2 5 2 2 3 3 5 1 1 3 3 5 1 5 4 5 3 3 5 0 5 2
5 3 3 4 4 3 4 5 3 3 4 4 5 4 5 3 5 4 4 5 5 0 4
2 1 4 5 5 1 5 3 1 3 5 5 3 4 3 1 3 5 3 3 3 4 0
```

Die Daten aus dem Tabellenkalkulationsprogramm können dann durch „Kopieren (Strg+C) und Einfügen (Strg+V)" in den Text der *UCInet*-Importdatei eingefügt werden, die wie üblich mit einem Texteditor oder einem Textverarbeitungsprogramm erstellt wird. Man muss den Daten dann lediglich noch die Datendefinition voranstellen. Diese fällt aber ganz einfach aus: sie beginnt wie üblich mit dem Schlüsselwort „dl", sodann wird die Zahl der Knoten definiert. In unserem Fall sind es 23 Personen (Knoten). Es folgt die Angabe zum Format, im vorliegenden Fall benutzen wir, wie gesagt, das fullmatrix-Format (vgl. Abb. 6.4). Hinzu muss noch eine Information kommen, nämlich, ob die Diagonale vorhanden ist oder nicht. Schließlich wird die Datendefinition durch das Schlüsselwort „data:" beendet. Dieses weist darauf hin, dass ab der nächsten Zeile die Daten folgen.

In unseren Daten verwenden wir keine eingebetteten Knotenetiketten (embedded labels) und verzichten auch sonst auf die Verwendung von Knotenetiketten. Stattdessen haben wir die Schüler fortlaufend von 1 bis 23 durchnummeriert und die Datenmatrix so organisiert, dass dem Schüler/der Schülerin mit der Nummer i die i-te Zeile (als befragter Person) und die i-te Zeile (als bewerteter Person) entspricht. Aus diesem Grund stehen

Abb. 6.5 Erstellung der Knotenattribute

Knotenattribute
Kode 1: männlich / Kode 2: weiblich
Datei: „geschlecht.dl"
dl nr=23 nc=1
format = fullmatrix diagonal present
data:
1
1
2
1
1
2
1
2
2
2
1
1
2
1
2
2
2
1
2
2
2
1
1

auch in der Diagonalen nur Nullen, da im vorliegenden Fall reflexiven Beziehungen (Einstellungen zu sich selbst) keinen Sinn machen. Fehlende Werte haben wir hier mit Fragezeichen kodiert.

6.4 Kodierung der Knotenattribute

In unserem Beispiel (vgl. Abb. 6.5) konzentrieren wir uns wiederum nur auf ein einziges Knotenattribut: das Geschlecht. Es ist wie im vorherigen Beispiel kodiert (1: männlich und 2: weiblich). Da wir keine Knotenetiketten verwendet hatten, müssen nun die Werte in exakt derselben Reihenfolge angeordnet werden wie die Zeilen in der Netzwerkmatrix.

Durch Klicken auf das Symbol bzw. das Symbol , können nach dem Start von *Netdraw*, wie in Kap. 4 beschrieben, die Beziehungsdaten und die Knotenattribute geladen werden. Von einem ersten Blick auf das Netzwerk kann man sich kaum etwas versprechen,

6.5 Kanten auswählen, anhand ihres Kantengewichts

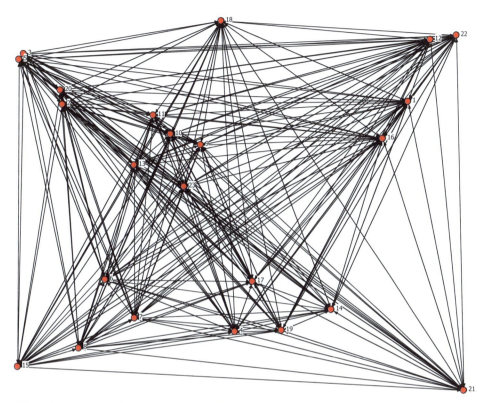

Abb. 6.6 Erste Darstellung nach Import in *NetDraw*

da quasi jeder Knoten mit allen übrigen durch eine Kante verbunden sind. Es fehlen lediglich die zu den drei in der Netzwerkmatrix fehlenden Werten zugehörigen Kanten.

6.5 Kanten auswählen, anhand ihres Kantengewichts

Nach dem Import in *NetDraw* erscheint sogleich eine Visualisierung des Netzwerks (siehe Abb. 6.6). Da das Netzwerk aus 503 Beziehungen besteht, kann man in diesem Diagramm kaum etwas erkennen. Auch die räumliche Anordnung der Knoten gibt uns keine direkt verwertbaren Hinweise auf die Struktur des Netzwerks.

Was für die Dateneingabe eine gute Idee war, nämlich die Erfassung aller Beziehungen in ein- und derselben Netzwerkmatrix, stiftet bei dieser Visualisierung zunächst Verwirrung. Positive und negative Einstellungen der Schüler/innen werden gleichartig dargestellt. Für eine Analyse des Netzwerks ist diese Visualisierung nicht geeignet. Um zu instruktiveren Darstellungen zu gelangen, bietet *NetDraw* eine Vielzahl von Möglichkeiten, von denen wir im Folgenden einige vorstellen werden. Dreh- und Angelpunkt werden hierbei die verschiedenen Möglichkeiten sein, das Kantengewicht, also die Einstellungen der Schüler/innen untereinander, für die Visualisierung der Struktur nutzbar zu machen. Verwendbar sind hierzu unterschiedliche Darstellungsmöglichkeiten (Linienfarbe oder Liniendicke) aber auch die voneinander getrennten Darstellungen von positiven und negativen Einstellungen.

Noch sieht also das entstandene Bild ziemlich chaotisch aus. Man kann zunächst einmal dadurch Abhilfe schaffen, dass die Merkmalsausprägungen der Einstellungsskala von 1: „sehr negativ" über 3: „indifferent" bis 5: „sehr positiv" getrennt voneinander betrachtet werden. Dies ist in *Netdraw* sehr leicht machbar, da für ein Diagramm jeweils diejenigen Kanten ausgewählt werden können, deren Kantengewicht $>, \geq, =, \leq$ oder $<$ als ein vorgegebener Wert ist. Auf diese Weise bekommt man einen Eindruck davon, wo die positiven und die negativen Beziehungen zu finden sind.

Mehrere unterschiedliche Strategien sind möglich: zum Ersten kann man die Zahl der dargestellten Kanten reduzieren. Dies geht dadurch, dass nur ein Teil der vorhandenen Beziehungen auch abgebildet wird. Man könnte etwa nur die stark positiven und die stark negativen Einstellungen abbilden.

Zum Zweiten kann man so vorgehen, dass man die einzelnen Bewertungen getrennt voneinander abbildet.

Eine dritte Möglichkeit ist es, das Kantensymbol entsprechend der Bewertung zu verändern. Das „Kantensymbol" ist im Netzwerkdiagramm ein Pfeil. Der Pfeil lässt sich variieren durch die Dicke des Symbols, durch die Farbe oder durch die Form (durchgängig, gestrichelt, gepunktet, mit oder ohne Pfeilspitze etc.). Wir können also das Kantensymbol entsprechend der Bewertung (von „sehr gut befreundet" bis „überhaupt nicht mögen") variieren.

Um nur Kanten anzuzeigen, die ein vorgegebenes Kantengewicht besitzen oder deren Kantengewicht einen gewissen Wert nicht unter- bzw. überschreitet, wenden wir uns in *NetDraw* auf der rechten Seite dem Relationenauswahlmenü (Registerkarte „Rels", siehe auch Abb. 6.7) zu. Unter Umständen muss man dazu zunächst von der Registerkarte „Nodes" auf die Registerkarte „Rels" wechseln.

Im unteren Drittel der Registerkarte „Rels" werden folgende Vergleichsoperatoren angeboten:

$>, \geq, =, \leq$ oder $<$.

Das bedeutet, dass Kanten ausgewählt werden können, deren Kantengewicht $>, \geq, =, \leq$ oder $<$ einem vorgegebenen Wert ist, in dem hier behandelten Beispiel liegen die zulässigen Kantengewichte zwischen 1 und 5. In der Abbildung wird gezeigt, wie man die Vergleichsoperationen im unteren Bereich aufruft.

Von den verschiedenen angebotenen Einstellmöglichkeiten, werden uns zunächst nur die rot umrandeten interessieren. Hier sind von links nach rechts ein Menü zur Wahl des Vergleichsoperators, ein Eingabefeld für den Schwellenwert, ein Tastenfeld (+) zur Erhöhung des Schwellenwerts und ein Tastenfeld zur Verringerung (−) des Schwellenwerts angeordnet.

 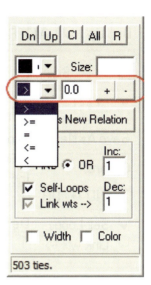

Abb. 6.7 Unterer Teil des Relationenauswahlmenüs (Reiter „Rels") auf der rechten Seite. Hier können Kanten zur Visualisierung ausgewählt werden, die ein bestimmtes Gewicht aufweisen (oder über- bzw. unterschreiten)

Im Menü für den Vergleichsoperator wählt man in unserem Fall den Gleichheitsoperator (=). Danach verschwinden zunächst alle Linien aus dem im Graphikfenster zu sehenden Diagramm, weil es keine Kanten mit dem Gewicht Null gibt. Wenn man das Tastfeld „+" drückt, kann man sich sukzessiv durch die fünf Kodes für die Einstellung der Schüler und Schülerinnen untereinander klicken. Es ist sinnvoll beim Kode 5 (stark positive Einstellung) die Knoten des Netzwerks mit dem spring embedding – Layout anzuordnen, da hier am ehesten das Zerfallen des Netzwerks in kohäsive Teilbereiche zu erwarten ist.

Mit diesem Design kann man dann durch Drücken des Tastenfelds „–" wieder durch die Kodes 5 bis 1 klicken und bei jeder Station durch Drücken der Tastenkombination Strg + C ein Bild des Diagramms in die Zwischenablage kopieren und von dort aus weiterverarbeiten.

6.6 Kanteneigenschaften verändern anhand ihres Kantengewichts

Im unteren Teil des Relationenauswahlmenüs können auch die graphischen Eigenschaften der Kantensymbole verändert werden. Jeder Kante kann auf diese Weise abhängig vom Kantengewicht eine unterschiedliche Farbe und Linienbreite zugewiesen werden. Im abgebildeten Beispiel wird den Kanten mit dem Gewicht von 1 (absolut nicht mögen) die Farbe rot zugewiesen. Die Kanten, welche das Gewicht von 5 aufweisen, wird die Farbe blau zugeordnet.

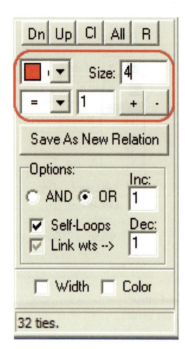 

Abb. 6.8 Veränderung der graphischen Kanteneigenschaften je nach Kantengewicht im Relationenauswahlmenü (Registerkarte „Rels")

Die Farbe und die Strichstärke der Kanten kann man an jeder der Stationen direkt in der Registerkarte „Rels" einstellen, die ohnehin geöffnet ist. Zum Beispiel blau mit der Strichstärke 4 für den Kode 5 (vgl. linkes Bild) bzw. rot mit der Strichstärke 4 für den Kode 1 (vgl. Abb. 6.8).

In der nächsten Abb. 6.9 zeigen wir das Netzwerk separiert für jedes der vorhandenen Kantengewichte. Eine klare Strukturierung des Netzwerkes finden wir lediglich beim extrem positiven Wert. Dies ist nicht unüblich. Normalerweise stehen wir den meisten unserer Mitmenschen freundlich-indifferent gegenüber. Unsere Kapazität für sehr freundschaftliche Relationen ist durch zeitliche, kognitive und räumliche Einschränkungen sehr begrenzt. In der rechten unteren Graphik deutet sich an, dass die Schulklasse im Wesentlichen in zwei bzw. drei Bereiche gegliedert ist. Auf der linken Seite ist eine Subgruppe erkennbar und in der Mitte rechts eine weitere Subgruppe, die nur über wenige positive Verbindungen zur ersten Gruppe verfügt. Außerdem finden sich rechts außen einige peripherere Schüler, die nur über vergleichsweise wenige positive Beziehungen verfügen.

In den sehr negativen Beziehungen links oben hingegen ist keine ausgeprägte Struktur zu erkennen. Im Zusammenspiel mit den sehr positiven unten links sollte sich aber die dort erkennbare Struktur aufklären lassen. Die Beziehungen im mittleren Bereich (Kode 2 bis 4) dagegen sind nicht sehr aussagekräftig.

6.6 Kanteneigenschaften verändern anhand ihres Kantengewichts

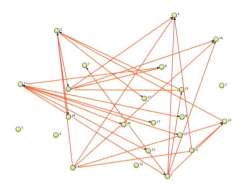

Kode 1: sehr negative Einstellung

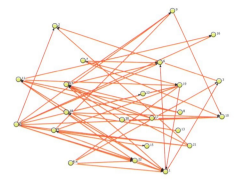

Kode 2: negative Einstellung

Kode 3: indifferente Einstellung

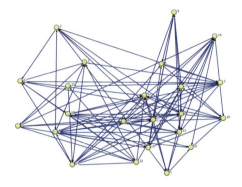

Kode 4: positive Einstellung

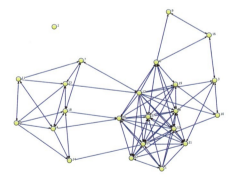

Kode 5: sehr positive Einstellung

Verschiedene Darstellungen in dieser Abbildung hinsichtlich der Einstellungen der Schülerinnen und Schüler untereinander, getrennt nach **positiver** und **negativer** Einstellung

Allein die sehr positive Einstellung bietet einen ersten Eindruck von der Struktur des Netzwerkes. Das ist nicht verwunderlich, da die stark positiven Einstellungen für die Kohäsion innerhalb des Netzwerkes verantwortlich sind.

Abb. 6.9 Netzwerkvisualisierungen nach Kantengewicht (*links* oben Kantengewicht 1, *rechts* unten 5)

Über den Menüpfad

▶ Properties → Nodes → Symbols → Color → General, all active nodes

wurden in den oben zu sehenden Diagrammen die Knoten gelb eingefärbt, um ihre Farbe von der roten Farbe der zu den negativen Einschätzungen gehörenden Kantensymbole (Kode 1 und 2) zu unterscheiden.

6.7 Verbesserung der Darstellung

Die Darstellungen, so wie sie in der Abbildung vorhanden sind, befriedigen noch nicht vollständig, da die Struktur des Netzwerkes noch nicht angemessen sichtbar gemacht werden kann. Die Frage ist, ob man nicht deutlicher eine Struktur erkennen kann, wenn bestimmte Eigenschaften hervorgehoben werden oder man weitere Informationen berücksichtigt.

Eine erste Idee ist, dass die erkennbare Struktur sich durch das Knotenattribut „Geschlecht" erklären lässt. Mindestens seit Moreno (1934) weiß man, dass insbesondere unter Jugendlichen im Alter der befragten Schüler das Geschlecht ein wesentlicher Strukturierungsfaktor für Beziehungen darstellt. Wir könnten also das Knotenattribut Geschlecht berücksichtigen.

Eine andere Möglichkeit ist, die sehr stark negativen und die sehr stark positiven Einstellungen gemeinsam zu betrachten. Wir wissen aus der Theorie struktureller Balancierung (Heider 1958; auch Davis 1977; Davis und Leinhardt 1972), dass die Vorzeichen von Beziehungen (mögen und nicht mögen) einer bestimmten Struktur folgen, so dass diese ausbalanciert sind. Aus diesem Grunde gibt es normalerweise innerhalb einer Clique oder Subgruppe keine negativen Beziehungen. Allerdings trifft man diese sehr wohl zwischen solchen Formationen. Kurz könnte man sagen, dass Gruppen durch viele positive Beziehungen zusammen gehalten werden und wenige negative Beziehungen ausreichen, um die Gruppen voneinander zu trennen.

Am einfachsten ist es für uns das Knotenattribut „Geschlecht" einzuführen. Bei den anderen Ideen ist die Organisation, in der die Daten im Moment vorliegen, nicht geeignet. Aus diesem Grunde müssen wir jeweils ein Netzwerk mit der Relation stark negative Einstellungen und ein weiteres Netzwerk mit stark positiven Einstellungen erzeugen.

Wollen wir nur reziproke Beziehungen einbeziehen, müssen wir aus diesen Netzwerken die einseitigen Beziehungen eliminieren.

Machen wir uns an die Arbeit! Zunächst führen wir das Knotenattribut, wie bereits gelernt, über die Attribut-Datei ein. Wir aktivieren die Möglichkeit der Einfärbung der Knoten und wählen als Farbe für die weiblichen Schüler die Farbe Magenta, für die männlichen Schüler wählen wir Schwarz.

Wie erwartet, zeigt sich hier eine eindeutige Strukturierung der Beziehungen nach Geschlecht (vgl. Abb. 6.10). Lediglich die dichteste Subgruppe auf der mittleren rechten Seite

6.8 Datenreorganisation

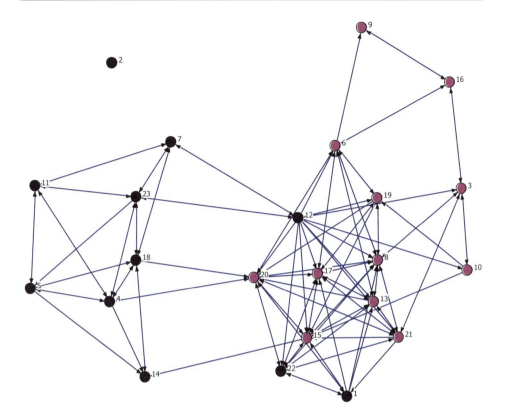

Schülerinnen: magenta
Schüler: schwarz

Abb. 6.10 Knotenattribut berücksichtigen (es werden nur sehr gute Freundschaften abgebildet, Kantengewicht 5)

hat einige männliche Schüler in ihren Reihen. Die beiden anderen identifizierten Strukturen (Subgruppe links) und periphere Schüler rechts sind geschlechtshomogen.

Um die anderen Visualisierungsstrategien durchführen zu können, müssen wir etwas an der Datenorganisation verändern. Wie wir das tun, wird im nächsten Abschnitt gezeigt.

6.8 Datenreorganisation

Wie bereits gesagt, sind die mittleren Bewertungen der Beziehungen der Schüler untereinander nicht so sehr aussagekräftig, da diese eher einem indifferenten Umgang miteinander entsprechen. Viel spannender sind die beiden Extrempositionen. Diejenigen, die sehr eng miteinander befreundet sind, und noch mehr diejenigen, die sich gar nicht leiden können. Leider gibt uns *NetDraw* keine direkte Möglichkeit, nur Kanten mit den Kantengewichten

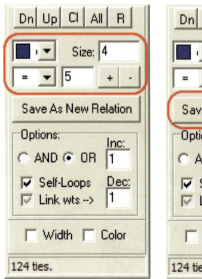

Die (ungewichtete) Relation „stark positiv" besteht genau zwischen den Knoten, die in der ursprünglichen Beziehung durch eine Kante mit dem Gewicht 5 verbunden waren.

Abb. 6.11 Erzeugen eines eigenen Beziehungstyps aus aktiven Kanten

1 oder 5 anzuzeigen, da dies sich nicht durch *einen einzigen* Vergleichsoperator ausdrücken lässt. *NetDraw* bietet allerdings einen eleganten Weg, dieses Problem zu lösen: wir generieren für die „stark negativen" und die „stark positiven" Einschätzungen je ein (unbewertetes) Netzwerk. Dabei gehen wir so vor, wie bei der Erzeugung der Netzwerkdiagramme in der vorigen Abbildung, klicken dann aber noch zusätzlich das Feld „Save As New Relation" an und benennen die neue Relation mit „stark negativ" bzw. „stark positiv". In der folgenden Abbildung sind die Einstellungen für die Relation „stark positiv" aufgeführt. Was ist nun der Vorteil dieses Vorgehens? Das Relationenauswahlmenü erlaubt es uns, einzelne Relationen auszuwählen und diese einzeln oder kombiniert als Netzwerkdiagramm darzustellen. Dies funktioniert ganz analog zur Auswahl von Knoten im Knotenauswahlmenü (Registerkarte „Nodes"). Mit Hilfe dieses „Tricks" können wir nun die beiden uns interessierenden Einstellungen („sehr negativ" und „sehr positiv") zusammen darstellen und die mittleren Einstellungen („negativ", „indifferent" und „positiv") weglassen.

In der Relationenauswahl wählen wir zunächst nur die stark positiven Beziehungen aus. Diesen ist der Wert „5" zugeordnet. Nach Auswahl dieser Relationen, sind nur solche Kanten aktiv, die diesem Wert entsprechen. Die aktiven Kanten lassen sich nun noch einfärben. Wir wählen die Farbe blau, wie in der Abbildung gezeigt. Ferner wählen wir rechts neben dem Fenster für die Farbwahl eine Dicke für die zu zeichnende Verbindungslinie zwischen den aktiven Kanten. Wenn wir nun diese Einstellungen als neuen Beziehungstyp abspeichern, haben wir die Eigenschaften der Kanten sofort und ohne zusätzliche Manipulationen zur Verfügung. Zum Abspeichern der neuen Relation klickt man auf die Schaltfläche „Save As New Relation". Es öffnet sich ein Fenster, in welchem man einen Namen für

6.8 Datenreorganisation

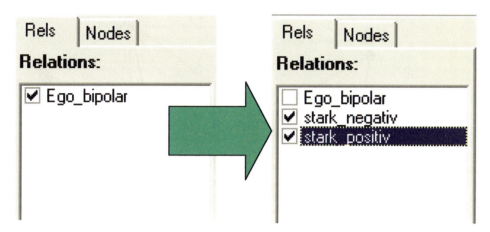

Abb. 6.12 Stark negative & stark positive Einstellungen

den neu generierten Beziehungstyp angeben kann. Wir verwenden für unser Beispiel den Namen „stark_positiv" (dazu auch Abb. 6.11).

Genauso, wie wir für die positiven Beziehungen vorgegangen sind, machen wir es auch für die stark negativen Beziehungen. Diesen hatten wir den Wert „1" zugeordnet. Wir wählen also in der Relationenauswahl alle Kanten mit dem Wert „1" aus, färben die Kantensymbole rot ein, versehen sie mit der Linienbreite 4 und speichern das Ganze als eigene Relation unter dem Namen „stark negativ" ab.

Wichtig ist noch der Hinweis, dass die beiden neu erzeugten Relationen ungewichtet sind. Die Relation „sehr positiv" hat den Wert 1 genau dann wenn die ursprüngliche Relation „Ego_bipolar" den Wert 5 hatte und ansonsten den Wert Null. Analoges gilt für die Relation „sehr negativ". Sie hat den Wert 1 genau dann wenn die ursprüngliche Relation „Ego_bipolar" den Wert 1 hatte und ansonsten den Wert Null.

Im oberen Bereich des Relationenauswahlfensters (siehe Abb. 6.12) finden wir nun die neuen Beziehungen. Mit einem Haken lassen sich diese aktivieren. Wichtig sind jetzt noch zwei Dinge:

1. Die ursprüngliche Relation „Ego_bipolar" muss deaktiviert werden, in der ja alle, d. h. die uns nicht interessierenden mittleren Einstellungswerte berücksichtigt sind.
2. Zudem müssen alle Kanten mit einem Kantengewicht größer Null (>0) angezeigt werden, da es sich bei den beiden neu erzeugen Relationen um unbewertete Relationen handelt.

Nach der Aktivierung beider neuer Relationen bekommen wir eine Visualisierung angezeigt, in der nur noch die stark positiven und die stark negativen Einstellungen berücksichtigt sind (Abb. 6.13).

In der Graphik ist nun auf den ersten Blick erkennbar, dass viele negative Beziehungen auf die Schüler 2 und 11 gerichtet sind. Die Graphik weist aber immer noch sehr viele

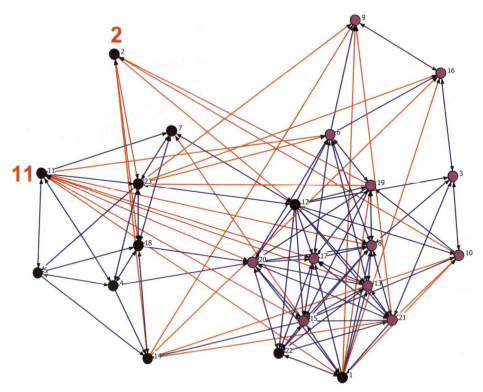

Abb. 6.13 Einfärbung der Kanten nach „stark positiven" (*blau*) und „stark negativen" (*rot*) Beziehungen

Kanten auf, die das Bild unübersichtlich machen. Es zeigt sich, dass ein Grundsatz berücksichtigt werden sollte, der für alle Visualisierungsanstrengungen gilt: **Reduziere die Darstellung auf das Wesentliche und eliminiere überflüssige Informationen so weit wie möglich**.

Wenn man diesem Grundsatz folgt, bedeutet dies, dass man nicht benötigte Informationen für die Visualisierung ausblendet. Das Problem dabei ist, dass man während der Auswertung oft noch nicht so ganz genau weiß, welche Informationen wichtig sein werden. Aus diesem Grund soll man die im Moment nicht benötigten Informationen nicht unbedingt endgültig verwerfen. Für den Darstellungszweck überflüssige Informationen haben aber nichts in einer wissenschaftlichen Graphik zu suchen, die insbesondere zwei Anforderungen genügen soll:

1. Die Graphik dient der Auswertung der Daten. Sie hilft dem Forscher bei der Interpretation des Netzwerkes.
2. Die Graphik dient der Mitteilung der Ergebnisse. Im besten Falle ist ein Netzwerkdiagramm so aufgebaut, dass ein Betrachter diese auch ohne größere Vorkenntnisse leicht interpretieren kann.

Natürlich kommt der erste Anspruch zeitlich immer vor dem zweiten. Zunächst einmal kommt die Analyse der Daten und dann deren Veröffentlichung. Dabei muss man sich aber auch im Klaren darüber sein, dass die Veröffentlichung der Daten anders aussehen sollte, als die Schritte, die man während der Analyse vornimmt.

Mit anderen Worten, die Darstellung in der obigen Abbildung entspricht noch nicht ganz dem formulierten Anspruch auf Klarheit. Wir wenden also noch zusätzliches Instrumentarium an, um die Visualisierung zu vereinfachen. Dies tun wir im nächsten Schritt, indem wir nur noch diejenigen Einstellungen berücksichtigen, bei denen die Schüler wechselseitig miteinander übereinstimmten. Also jedes Schülerpaar gab an, sehr gut miteinander befreundet zu sein oder sich überhaupt nicht leiden zu können.

6.9 Wechselseitige Einstellungen

Unser Ziel ist es also, nur noch die reziproken Einstellungen sichtbar werden zu lassen. Wir blenden im Folgenden Informationen aus, die uns für die Klärung der Struktur des Netzwerks als nicht wesentliche Informationen erscheinen. Wir reduzieren mit diesem Vorgehen die dargestellten Daten sehr stark. Mit unserem Vorgehen haben wir das angezeigte Netzwerk ja schon sehr stark vereinfacht, indem wir nur noch die Extremwerte der Beziehungen angezeigt haben. Nun eliminieren wir auch noch die einseitigen Beziehungen[2]

Es geht dabei nicht darum, das Netzwerk so „vollständig" wie möglich darzustellen – viel wichtiger, ist es, das Wesen der Beziehungsstruktur sichtbar zu machen. Die Auswahl der für uns wichtigen Beziehungen erfolgt folgendermaßen:

▶ Transform → Simmelian Ties

Wir klicken im Auswahlmenü auf „Transform" und dort auf „Simmelian Ties". Nachdem dies erledigt ist, finden wir im Relationenauswahlmenü eine Reihe neuer Beziehungstypen. Hiervon schalten wir lediglich „Simmelian" und „Sole-Symmetric" an. Die anderen Beziehungstypen lassen wir ausgeschaltet.

Beschränkt man die Abb. 6.14 auf die reziproken stark positiven und stark negativen Einstellungen, so ist das Netzwerkdiagramm wesentlich besser zu lesen. Es zeigt sich nun, dass das Schulklassennetzwerk quasi in zwei Komponenten zerfällt. Wir finden auf der linken Seite eine Komponente, die ausschließlich aus Jungen besteht und auf der rechten Seite eine Komponente, die mit Ausnahme von zwei Schülern nur Mädchen umfasst. Zwischen den beiden Komponenten aus positiven Beziehungen bestehen unter der Bedingung der Reziprozität lediglich negative Beziehungen. Eine solche Konstellation lässt sich theoretisch aus Überlegungen der Balance-Theorie erklären. Alle negativen Beziehungen

---

[2] Über einen solchen Schritt kann man streiten, zumal sicherlich viele stark positive Beziehungen mit positiven Beziehungen, erwidert werden. Also einer 5 eine 4 gegenübersteht – für die man ebenfalls zumindest grob eine positiv reziproke Beziehung annehmen könnte.

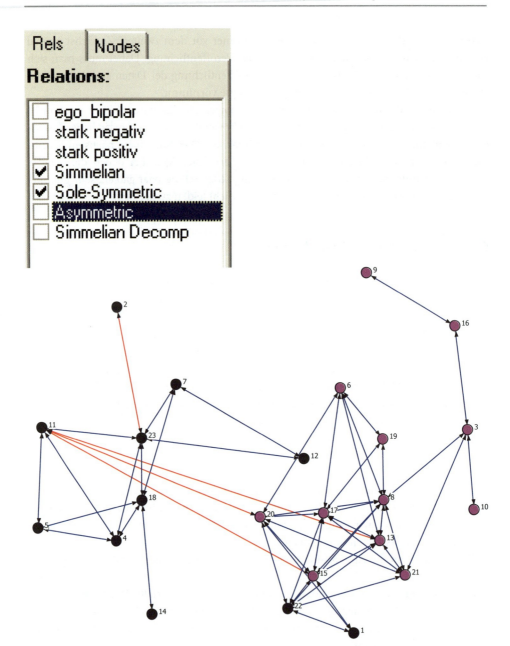

Abb. 6.14 Auswahl der symmetrischen Ties

6.9 Wechselseitige Einstellungen

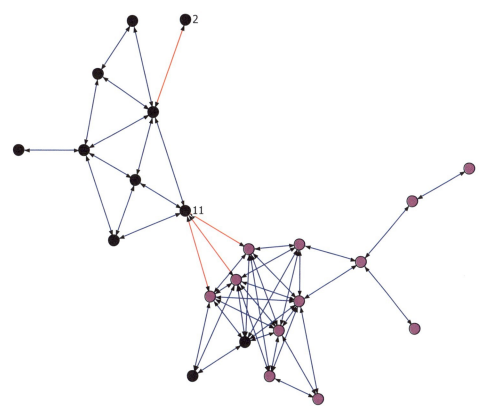

Abb. 6.15 Ergebnisdarstellung des Beispiels – Schulklassennetzwerk

zwischen den beiden Komponenten richten sich auf Schüler 11. Darüber hinaus findet sich nur noch eine gegenseitige negative Beziehung zum ansonsten isolierten Schüler 2.

Die Darstellung in der Abbildung ist insofern noch nicht optimal, weil der, den Schüler 12 repräsentierende Knoten von einer Kante in der Mädchenkomponente geschnitten wird. Das ist nicht sehr schön. Man würde nun diesen Knoten manuell mit Hilfe der Maus etwas nach links verschieben.

Das endgültige Ergebnis für das Beispielnetzwerk sehen Sie in der nächsten Abb. 6.15. Wir haben, wie oben gezeigt, aus der Zerlegung des Schulklassennetzwerkes in Simmelsche, reziproke (Sole-Symmetric) und asymmetrische Beziehungen nur diejenigen ausgewählt, die wechselseitig und „simmelsch" sind. Ferner wurden die Etiketten weggelassen und der eine störende Knoten verschoben.

Mit dem hier demonstrierten Verfahren lassen sich also symmetrische Beziehungen und asymmetrische Beziehungen nicht nur unterschiedlich gestalten (wie mit „Analysis → Reciprocal ties"), sondern die Darstellung asymmetrische, nur symmetrische und Simmelsche Beziehungen lässt sich einzeln oder in beliebiger Kombination ein und ausschalten (vgl. Abb. 6.16).

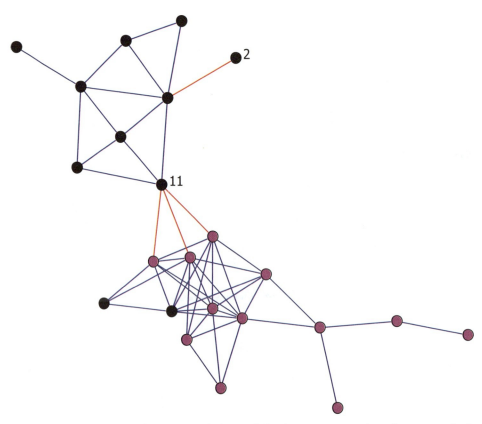

Abb. 6.16 Das Diagramm dieses Netzwerks lässt sich durch erneute Anwendung des spring embedding – Algorithmus und Weglassen der Pfeilspitzen noch weiter verbessern

Exkurs: Simmelian Ties

Zu Beginn des Buches hatten wir uns mit der Bedeutung von Dyaden und Triaden befasst. Wir hatten gezeigt, dass die gesamten technischen Überlegungen zu Netzwerken auf der dyadischen Konstruktion von Beziehungsstrukturen beruhen. Eine Triade ist ein höherstelliges Beziehungsmuster, welches aber ebenfalls in Dyaden aufgelöst wird (drei Dyaden). Höherstellig ist es deswegen, weil diesem Muster besondere Eigenschaften zugeordnet werden, die durch die Dyaden nicht erklärt werden können. Man nennt einen solchen Zusammenhang Emergenz. Eine solche Konstellation ist auch unter dem Begriff „Simmelsche Beziehungen" bekannt, sofern die Beziehung zwischen allen Dreien wechselseitig ist. Diese Triaden aus wechselseitigen Beziehungen gelten als besonders stabil (Krackhardt 1998) und sind von daher auch von Interesse. Solche simmelschen Beziehungen sind eingebettet in andere Beziehungsstrukturen.

Abb. 6.17 Eingebetteter „Symmelian Tie" (markiert in *magenta*)

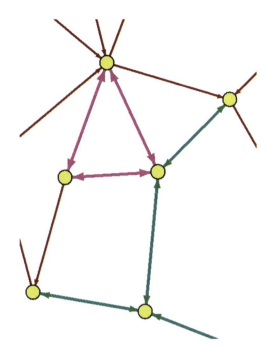

Simmelsche Beziehungen können mit *NetDraw* hervorgehoben werden. Mit der Funktion „Simmelian" werden alle aktiven Beziehungen in die folgenden drei Klassen zerlegt:
- Simmelian ties
- Sole-Symmetric ties
- Asymmetric ties

Die folgende Abb. 6.17 zeigt eine eingebettete Simmelsche Beziehung. Dieser Beziehungstyp ist nicht nur für die Visualisierung von Bedeutung. Er wird beispielsweise auch in die Messung der Entwicklung von Beziehungen in größeren Netzwerken verwendet. Dort misst man solche Beziehungsformationen als „Clustering"-Koeffizient.

Schlussbetrachtung 7

In diesem Buch wurde dargestellt, wie man auf einfache Weise ein Netzwerk mit Hilfe des Programmes *NetDraw* visualisieren kann. Es ging uns nicht um eine umfassende Darstellung aller Möglichkeiten, sondern um eine Orientierung für absolute Anfänger. Die Darstellung ist an der Vermittlung in einem Kurs zur praktischen Netzwerkanalyse orientiert. In dem Kurs wird in der zweiten Hälfte mit dem Schwesterprogramm *UCInet* gearbeitet. Anstatt beide Programme in einem Buch vorzustellen, haben wir es zunächst bei der Einführung in *NetDraw* belassen. Unser Ziel ist es, die Arbeit mit Netzwerken zu fördern. Hierzu möchten wir nicht mit einem dickeren Buch abschrecken, sondern zeigen, wie einfach erste Analysen, die auf der Visualisierung von Netzwerken beruhen, durchzuführen sind. Neben der Erlernung von Methoden, zu solchen Ergebnissen zu kommen, ist es nach unserer Ansicht wichtig, das Denken in Relationen zu schulen. Beim Denken in Relationen verschiebt sich die Aufmerksamkeit von den Knoten weg, zu den Verbindungen zwischen den Knoten. Für eine solche Perspektivenverschiebung ist die Visualisierung hilfreich.

Anhang: Dokumentation von Funktionen des Programms Netdraw

8.1 Arbeitsumgebung

Um sich die Arbeit mit *NetDraw* und *Ucinet* zu erleichtern, kann man in beiden Programmen im Menü File den Namen des Arbeitsverzeichnisses definieren.

- In *NetDraw* geschieht dies über den Menüpfad „**File → Default Folder**"
und
- in *Ucinet* über den Menüpfad „**File → Change Default Folder**".

Als Arbeitsverzeichnis sollte das Verzeichnis genannt werden, in dem die Datei „class.dl" abgelegt ist und zwar als vollständiger Pfadname einschließlich des Laufwerksbuchstabens.

8.2 Erste Schritte mit NetDraw

8.2.1 Überblick

NetDraw[1] ist ein Programm zur Visualisierung von Netzwerken. Das Programm kann eigenständig oder aus dem Netzwerkanalyse-Programm *Ucinet*[2] heraus verwendet werden.[3]

NetDraw benutzt verschiedene Algorithmen, um die Knoten eines Netzwerks im zweidimensionalen Raum anzuordnen. Eine Erweiterung auf Anordnungen in dreidimensionalen Raum ist für die Zukunft geplant. Wer von dieser Möglichkeit heute schon Gebrauch

---

[1] http://www.analytictech.com/*NetDraw*/*NetDraw*.htm.
[2] http://www.analytictech.com/*UCInet*/*UCInet*.htm.
[3] Dazu benutzt man entweder das Menü Visualize mit dem Pfad **Visualize → NetDraw** oder das Symbol .

machen will, muss auf das Programm *Pajek*[4] ausweichen, das ebenfalls frei verfügbar aber wesentlich komplexer und daher schwerer zu bedienen ist.

Die *Dateneingabe* in *NetDraw* kann über Textdateien oder über Systemdateien des Programms *Ucinet* erfolgen. Für die Benutzung als eigenständiges Programm eignen sich zur Dateneingabe vor allem das sehr flexible *Ucinet*-Importformat (*nur* Daten) und das *NetDraw*-eigene vna-Format (Daten *und* graphische Eigenschaften des Diagramms [Diagrammdatei]). Darüber hinaus kann *NetDraw* Daten im *Pajek*-eigenen Format lesen. Alles in allem gibt es also eine Vielzahl von Möglichkeiten, Eingabedateien für *NetDraw* mit Hilfe eines Texteditors oder eines Textverarbeitungsprogramms zu erstellen.

Die *Datenausgabe* kann in verschiedenen Formaten erfolgen, die z. T. auch von anderen Graphik- und Analyseprogrammen verarbeitet werden können. Hervorzuheben ist die Möglichkeit (fast) alle Daten über das Layout und Design eines Diagramms in einer Textdatei, der sogenannten Diagrammdatei, zu speichern. Die mit *NetDraw* erstellten Diagramme können entweder direkt ausgedruckt oder aber in verschiedenen Formaten als *Graphikdateien* gespeichert werden. Z.Zt. werden die Formate EMF (Enhanced Metafile), WMF (Windows Metafile), BMP (Bitmap) und JPG (JPEG) unterstützt. Die Netzwerkdiagramme können auch mit Strg+C direkt in die Zwischenablage kopiert und von dort aus in anderen Programmen importiert werden.

Um einen Eindruck von der Funktionalität des Programms *NetDraw* zu vermitteln, sollen hier einige besondere Eigenschaften des Programms *NetDraw* erwähnt werden:

Knotenattribute und Beziehungstypen: *NetDraw* erlaubt die Verarbeitung von Knotenattributen. Knoten mit unterschiedlichen Attributwerten können im Diagramm z. B. mit unterschiedlichen Farben und Formen bzw. in unterschiedlichen Größen dargestellt werden. Mit Hilfe der Knotenattribute kann die Darstellung einzelner Knoten oder ganzer Gruppen von Knoten ein- und ausgeschaltet werden.

NetDraw erlaubt die gleichzeitige Verarbeitung mehrerer Beziehungstypen in ein und demselben Netzwerk. Die zugehörigen Kantensymbole (Linien, Pfeile) können für jeden Beziehungstyp einzeln oder für mehrere Beziehungstypen kombiniert dargestellt werden.

Bewertete Graphen: Es können bewertete Relationen verarbeitet werden, d. h. Relationen, bei denen nicht nur vermerkt wird, ob zwischen einem Paar von Knoten eine Beziehung besteht oder nicht, sondern bei denen auch die Stärke der Beziehung angegeben wird. *NetDraw* erlaubt es, Beziehungen in Abhängigkeit von ihrer Stärke anzuzeigen. So kann man beispielsweise die Stärke festlegen, ab der, bzw. bis zu der, eine Beziehung angezeigt werden soll. So lassen sich schwache und starke Beziehungen getrennt voneinander darstellen. *NetDraw* bietet auch die Möglichkeiten, die Linienstärke der Kantensymbole in der Visualisierung des Graphen entsprechend der Stärke der Beziehung zu definieren.

---

[4] http://vlado.fmf.uni-lj.si/pub/networks/pajek/.

8.2 Erste Schritte mit NetDraw

Analyse-Werkzeuge: In *NetDraw* ist auch ein begrenzter Satz von Analyse-Prozeduren zur Beschreibung von Knoten- und Kanteneigenschaften sowie von Struktureigenschaften des dargestellten Netzwerkes als Ganzes enthalten.

Persönliche Netzwerke (z. B. Ego-zentrierte Netzwerke): Mit *NetDraw* lässt sich die Umgebung eines (oder mehrerer Knoten) bis zu einer vorgebbaren graphentheoretischen Distanz darstellen.

Reduzierte Graphen: In *NetDraw* kann ein Graph auf der Basis eines Knotenattributs zu Gruppenknoten zusammengefasst werden, wobei die Stärke der Beziehung innerhalb und zwischen den Gruppenknoten dargestellt werden kann.

Bimodale Netzwerke: Mit *NetDraw* können bimodale Netzwerke in Form bipartiter Graphen dargestellt werden.

Darstellungsoptionen: In *NetDraw* können alle Darstellungselemente verändert werden. Dies ist manuell oder automatisch in Abhängigkeit von Knoten- und Beziehungseigenschaften möglich. So können u. a. die Größe, die Farbe und die Gestalt der Knotensymbole sowie die Linienbreite, die Farbe und der Linienstil der Kantensymbole verändert werden. Es ist auch möglich, das gesamte Diagramm zu drehen, zu spiegeln, zu verschieben oder in der Größe zu verändern.

Jeder Knoten und jede Kante kann entweder den Status „aktiv", „inaktiv" oder „tot" (dead) haben. Nur aktive Objekte werden im Diagramm dargestellt, inaktive und tote Objekte hingegen nicht. Tote Objekte werden beim Sichern auf eine Diagrammdatei im Gegensatz zu inaktiven Objekten *nicht* berücksichtigt.

Anordnung der Knoten in der Zeichenebene: NetDraw bietet die Möglichkeit, einzelne Knoten oder Gruppen von Knoten in der Zeichenebene manuell zu verschieben. Daneben werden verschiedene Verfahren angeboten, die Knotensymbole automatisch anzuordnen. Die einfachste Anordnung ist die kreisförmige. Häufig benutzt werden Anordnungen, die sich aus einer multidimensionalen Skalierung (MDS)[5] oder der Anwendung eines kräfte-

---

[5] Das Ziel einer multidimensionalen Skalierung (MDS) besteht darin, die Knotensymbole so anzuordnen, dass deren Abstände sinnvoll interpretiert werden können. „Zusammengehörige" Knoten sollen im Diagramm näher beieinander liegen als nicht zusammengehörige. Für die Fragen, was unter Zusammengehörigkeit zu verstehen ist und wie man sie misst, gibt es eine Reihe von Antworten. Eine davon ist: zwei Knoten sind umso zusammengehöriger, je geringer ihr graphentheoretischer Abstand voneinander ist. Dabei ist die graphentheoretische Distanz zweier Knoten eines Graphen definiert als die minimale Anzahl von Kanten, die durchlaufen werden müssen, um von einem Knoten zum anderen zu gelangen. Die Aufgabe besteht nun darin, die graphentheoretischen Abstände zwischen den Knoten möglichst gut auf die („normalen", d. h. euklidischen) Abstände der Knoten im Netzwerkdiagramm abzubilden. Das wird in der Regel nicht perfekt, aber oft annähe-

orientierten Verfahrens[6] (spring embedding) ergeben. Die zufällige Anordnung wird oft als Startpunkt für ein derartiges Verfahren benutzt.

8.2.2 Menü- und Symbolleiste

Nach dem Aufruf von *NetDraw* durch Anklicken des hier auf der rechten Seite abgebildeten Icons auf dem Desktop wird das Programmfenster von *NetDraw* mit einer leeren Zeichenfläche angezeigt. Die obere Zeile des Programmfensters besteht aus einer Menüleiste. Als nächste Zeile wird eine Symbolleiste angezeigt. Auf der rechten Seite des Programmfensters befindet sich ein Register zur Steuerung der Darstellung der Knoten und Kanten des Netzwerkes.

Im Folgenden werden die über die Menüleiste und die Symbolleiste erreichbaren Programmfunktionen im Überblick dargestellt.[7] Beim ersten Lesen kann man diesen Teil übergehen.

---

rungsweise gelingen. Dabei kann man von den graphentheoretischen Abständen der Knoten selbst ausgehen (metrische MDS) oder von deren Rängen (nichtmetrische MDS).

Dieses Konzept ist natürlich nur für zusammenhängende, ungerichtete, ungewichtete Graphen direkt anwendbar. Die einfachste Lösung dieses Problems besteht darin, die Richtung und das Gewicht der Kanten zu ignorieren. Bei Graphen mit mehreren Komponenten hilft dies allerdings nichts, denn der graphentheoretische Abstand zweier Knoten aus unterschiedlichen Komponenten ist nicht definiert. Es lassen sich aber auch Definitionen von Zusammengehörigkeit bzw. Abwandlungen des Verfahrens finden, die diese Einschränkungen umgehen.

[6] Diesem Ansatz liegt die Vorstellung zugrunde, dass zwischen allen Knoten Kräfte wirken, die ihre Anordnung im Raum bestimmen. Dabei wirkt zwischen allen Paaren von Knoten eine abstoßende Kraft und zwischen den Knoten, die durch eine Kante verbunden sind, eine anziehende. Das Ziel dieser Verfahren ist es, eine Anordnung zu finden, in der ein Gleichgewicht zwischen diesen beiden sich entgegenwirkenden Kräften besteht. Dieses Ziel wird durch eine schrittweise Annäherung an ein Optimum erreicht. Das Verfahren liefert in der Regel verschiedene Lösungen, wobei es jedem überlassen ist, die ihm/ihr am geeignetsten erscheinende auszuwählen (und ggf. für die weitere Verarbeitung in einer Diagrammdatei zu sichern).

[7] Die Beschreibung bezieht sich auf die Version 2.123 vom 15 Juli 2012. Da die Entwicklung von *NetDraw* und *Ucinet* immer noch sehr rasant verläuft, kann es Abweichungen von der hier beschriebenen Version geben. Da wir uns in dieser Einführung jedoch auf die Basisfunktionalität von *NetDraw* beschränken, sollte dies kein Problem sein.

| File | Ein- und Ausgabe für relationale und attributive Daten, Export von Diagrammen und Layout-Daten, Neues Diagramm erstellen, Beendigung des Programms |

| Edit | Ermöglicht das Kopieren der Graphik in die Zwischenablage.

(Alternativ kann man den Mauszeiger auch auf eine beliebige Position des Programmfensters positionieren und Strg+C drücken.) |

| Layout | Bietet die Auswahl unter einer Reihe von Layouts (Spring Embedder, MDS, Principle Component, Circle, Random), z.T. mit verschiedenen Algorithmen und einer Reihe von Einstellmöglichkeiten.

Erlaubt die Darstellung von Ego-Netzwerken und deren Verallgemeinerungen (Emily's Chart[8]).

Ermöglicht das Diagramm als Ganzes zu manipulieren (Move/Rotate, Resize, Recenter, Refresh). |

| Analysis | Bietet eine Reihe von Analyseverfahren, deren Ergebnisse entweder als Knotenattribute (z.B. bei Zentralitätsmaßen) gespeichert oder als graphische Hervorhebungen (z.B. bei reziproken und nicht-reziproken Beziehungen) direkt in das Diagramm eingefügt werden. |

| Transform | Hiermit lassen sich die Netzwerkmatrix und die Liste der Knotenattribute modifizieren und es können einige wenige Transformationen auf die Netzwerkmatrix angewandt werden. Es lassen sich auch neue Netzwerke aus vorhandenen Netzwerken erzeugen. |

| Properties | Modifikation der graphischen Eigenschaften der Knoten und Kanten der Visualisierung des dargestellten Netzwerks (z.B. Farbe, Größe bzw. Stichstärke, Form). |

| Options | Erlaubt das Setzen von Voreinstellungen. |

---

[8] Emely's Chart ist eine Verallgemeinerung der Visualisierung eines Ego-Netzwerks. Es erlaubt eine Gruppe oder mehrere Gruppen von Knoten auf der Basis von Knotenattributen auszuwählen und deren Beziehungen zum Gesamtnetzwerk zu untersuchen.

| | Neues Diagramm, Zurücksetzen aller Datenbereiche |

UCInet-Datei öffnen.

Datei öffnen (mit vielen Auswahloptionen).

Datei mit Knotenattributdaten öffnen (mit vielen Auswahloptionen).

Diagrammgröße so ändern, dass das Diagramm die gesamte Zeichenfläche füllt.

Werkzeugkasten öffnen für das Verschieben, Spiegeln, Drehen des Diagramms.

Ansicht vergrößern („zoom in").

Ansicht verkleinern („zoom out").

Verteile die Knoten auf der Zeichenfläche nach dem Gower-Verfahren.[9]

Verteile die Knoten auf der Zeichenfläche nach dem spring embedding - Verfahren, wobei Lösungen bevorzugt werden, bei denen die Länge der Kanten (mit gleichem Kantengewicht) annähernd gleich ist.

Durch die Zahl wird der Abstand der einzelnen Komponenten des Netzwerks festgelegt.

---

[a] Das Gower-Layout basiert auf einer metrischen multidimensionalen Skalierung der graphentheoretischen Distanzen der Knoten.

`Iso`	Lösche (temporär) alle isolierten Knoten (Knoten mit dem Grad 0) aus dem Diagramm. Die zugehörigen Daten bleiben erhalten.
`Pen`	Lösche (temporär) alle isolierten Knotenpaare (Pendants) aus dem Diagramm. Die zugehörigen Daten bleiben erhalten.
`Self`	Blende Schleifen (loops / reflexive ties) aus dem Diagramm aus / in das Diagramm ein.
`MC`	Stelle im Diagramm nur die größte zusammenhängende Komponente des Graphen dar.
`Ego`	Stelle das egozentrierte Netzwerk eines Knoten dar. Es können auch mehrere Knoten ausgewählt und deren kombinierte egozentrierten Netzwerke dargestellt werden.
`~Node`	Ändere den Darstellungsstatus von Knoten. (Die Eingabedatei wird nicht verändert).
`~Tie`	Ändere den Darstellungsstatus von Kanten. (Die Eingabedatei wird nicht verändert).
🎨	Wähle die Knotenfarbe entsprechend der Ausprägungen eines Knotenattributs. (Ein Knotenattribut kann importiert oder in NetDraw generiert werden).
🔶	Wähle das Knotensymbol entsprechend der Ausprägungen eines Knotenattributs. (Ein Knotenattribut kann importiert oder in NetDraw generiert werden).
`Kim Bill`	Definiere Namen für die Knoten oder ändere bereits vorhandene Knotennamen. Wenn die Knoten nicht mit Namen versehen sind, benutzt NetDraw die Knotennummer als Knotenname.
`A`	Vergrößere die Knotensymbole.
`A`	Verkleinere die Knotensymbole.

| S | Vergrößere die Knotennamen. |

| s | Verkleinere die Knotennamen. |

| S= | Setze die Größe der Knotennamen. |

| L | Schalte die Darstellung der Knotennamen an oder aus. (Voreinstellung: an). |

| → | Schalte die Darstellung der Pfeilköpfe an oder aus. (Voreinstellung: an). |

| 1.4 | Schalte die Darstellung der Kantengewichte an oder aus. (Voreinstellung: aus). |

| • | Füge dem Graphen weitere Knoten hinzu. |

| Push / Pop | Zwischen der aktuellen und der letzten Knotenauswahl umschalten. |

Eine minimale Erklärung der durch ein Symbol angesprochenen Funktion erhält man, wenn man den Mauszeiger auf das entsprechende Symbol positioniert. Leider verfügt *NetDraw* z.Zt. noch über keine weiter ausgebaute Hilfefunktion.

8.3 Einige Hinweise zum Layout

8.3.1 Layout-Optionen

Die folgende Galerie in Abb. 8.1 gibt einen Eindruck von den in *NetDraw* verfügbaren Layouts.

Auch wenn die Visualisierung eines Netzwerks einen scheinbar intuitiven Zugang zu dessen Eigenschaften bietet, ist es wichtig, zwischen dem *mathematischen Objekt* „Graph" und dessen *Visualisierung* zu unterscheiden. Ein und derselbe Graph kann auf völlig verschiedene Art und Weise visualisiert werden. Es gibt auch nicht „die optimale" Visualisierung eines Graphen. Welches Layout und welche Design-Optionen gewählt werden, hängt davon ab, welche strukturellen Eigenschaften hervorgehoben werden sollen.

Beim mehrfachen Drücken des Symbols 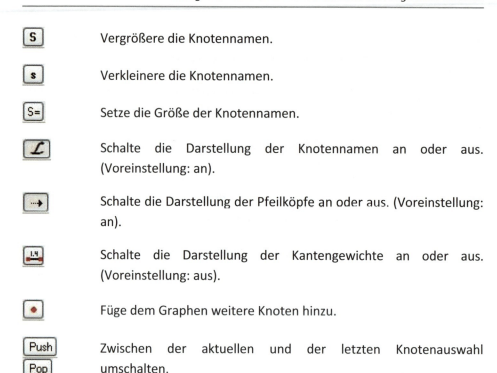 erhält man immer leicht unterschiedliche Visualisierungen des Graphen. Dies kommt daher, dass der spring embedding – Algo-

8.3 Einige Hinweise zum Layout

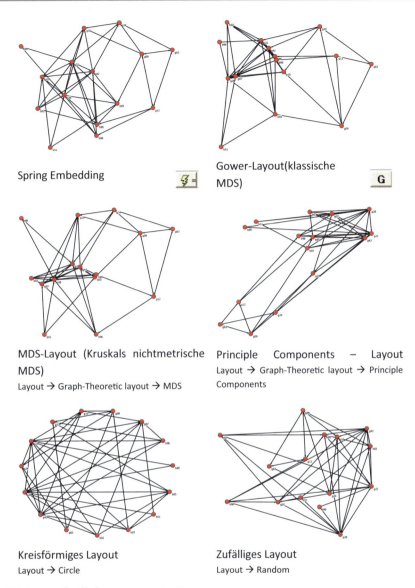

Abb. 8.1 Unterschiedliche Layouts in *NetDraw*

rithmus immer nach einer (vorgebbaren) Anzahl von Iterationen abbricht und nur annähernd ein lokales Optimum für die Anordnung der Knoten auf der Zeichenebene liefert. Später kann man dies nutzen, um die Darstellung des Graphen zu erzeugen, die für den jeweiligen Sachverhalt als am besten geeignet erscheint.

8.3.2 Manuelles Positionieren der Knotensymbole

NetDraw bietet die Möglichkeit, einzelne Knoten oder Gruppen von Knoten manuell auf der Zeichenfläche zu positionieren oder deren graphische Eigenschaften (Form, Farbe etc.) zu verändern. Hierzu müssen die jeweiligen Knoten markiert werden. Dies kann für einen einzelnen Knoten durch Anklicken mit dem Mauszeiger geschehen. Der Knoten, auf dem der Mauszeiger positioniert ist, kann dann bei gedrückter linker Maustaste in der Zeichenebene verschoben werden. Dieses auf einzelne Knoten beschränkte manuelle Aufbessern eines automatisch erzeugten Designs ist oft sinnvoll, um zu akzeptablen Ergebnissen bei der Visualisierung eines Netzwerks zu kommen. So kann z. B. vermieden werden, dass Linien über Knotensymbole verlaufen oder sehr dicht beieinander liegen.

Mehrere Knoten kann man entweder dadurch markieren, dass man mit gedrückter linker Maustaste ein Rechteck aufzieht, in dem die zu markierenden Knoten liegen oder dass man die Knoten einzeln bei gedrückter Strg-Taste anklickt. Die markierten Knoten kann man als Gruppe auf der Zeichenebene verschieben, indem man den Mauszeiger auf einen der Knoten der Gruppe positioniert und den Knoten dann bei gedrückter linker Maustaste in der Zeichenebene verschiebt. Die Verschiebungsoperation wird dann nach Loslassen der linken Maustaste auf alle Knoten der Gruppe angewandt. – Aber Vorsicht, missglückte Layoutänderungen muss man gegebenenfalls manuell wieder rückgängig machen. Es lohnt sich deshalb vor größeren Layoutänderungen, die Layoutdaten als Diagrammdatei zu sichern.[10]

Durch manuelle Änderungen des Layouts kann es geschehen, dass einige Knoten- und Kantensymbole ganz oder teilweise aus dem Zeichenfenster wandern. Dies kann man mit der der Layout-Funktionen „Resize", die man über das Menü Layout erreicht (**Layout → Resize**) korrigieren. Die Layout-Funktion „Resize" lässt die relativen Positionen der Knoten zueinander unangetastet. Weitere oft benutzte Layout-Funktionen, die simultan auf alle (aktiven) Knoten wirken, sind die Funktionen „Move/Rotate" und „Recenter".

Dabei öffnet der Menüpfad „**Layout → Move/Rotate**" gleich einen ganzen Kasten von Layout-Werkzeugen.

---

[10] Menüpfad ʼ**File → Save Data as → Vna**ʼ.

Literatur

Barabási, Albert-László. 2002. *Linked – the new science of networks*. Cambridge: Perseus Publishing.
Barnes, John A. 1969. Networks and political process. In *Social networks in urban situations*, Hrsg. J. C. Mitchell, 51–76. Manchester: Manchester University Press.
Blau, Peter M. 1976. Konsultationen unter Kollegen. In *Elementare Soziologie. Studientexte*. 2. Aufl., Hrsg. Wolfgang Conrad und Wolfgang Streek, 102–122. Opladen: Westdeutscher Verlag.
Borgatti, Stephen P. 2007. 2-Mode concepts in social network analysis. http://www.steveborgatti.com/papers/2modeconcepts.pdf.
Bott, Elizabeth. 1957. *Family and social network. Roles, norms, and external relationships in ordinary urban families. 1. publ*. London: Travistock.
Breiger, Ronald L. 1974. The duality of persons and groups. Social Forces. Bd. 53, Nr. 2, Sonderausgabe, (Dezember 1974), S. 181–190. http://www.soc.ucsb.edu/faculty/friedkin/Syllabi/Soc146/Breiger%201974.pdf.
Burt, Ronald S. 1984. Network items and the General Social Survey. Social networks. Bd. 6, Nr. 4 (Dezember 1984), 293–339.
Burt, Ronald S. 1985. General Social Survey items. Connections. Bd. 8, Nr. 2–3 (Winter 1985), 119–123. http://www.insna.org/PDF/Connections/v8/1985_I-2_3.pdf.
Burt, Ronald S. 1990. Detecting role equivalence. *Social Networks* 12:83–97.
Davis, James A. 1977. Clustering and structural balance in graphs. In *Social networks. A developing paradigm*, Hrsg. Samuel Leinhardt, 27–34. New York u. a.: Academic Press.
Davis, James A., und Samuel Leinhardt. 1972. The structure of positive interpersonal relations in small groups. In *Sociological theories in progress*. Bd. II, Hrsg. Joseph Berger et al. Boston.
Davis, Allison Davis, Burleigh Bradford Gardner, und Mary R. Gardner. 1941. *Deep south: A social anthropological study of caste and class*. Chicago: University of Chicago Press.
Dodds, Peter Sheridan, Roby Muhamad, und Duncan J. Watts. 2003. An experimental study of search in global social networks. *Science* 301 (5634): 827–829.
Feriligoj, Anouska, Vladimir Batagelj, und Andrej Mrvar. 2003. Course on social network analysis. Blockmeodeling. Ljubiljana: University of Ljubiliana. http://vlado.fmf.uni-lj.si/pub/networks/course/blockmodels.pdf. Zugegriffen: 8. Feb. 2013.
Foerster, Heinz von. 1993. *KybernEthik. Unter Mitarbeit von Birger Ollrogge, 180*. Berlin: Merve-Verl.
Freemann, Linton C. 1992. Filling in the blanks: A theory of cognitive categories and the structure of social affiliation. *Social Psychology Quarterly* 55 (2): 118–127.
Freeman, Linton C. 2003. Finding social groups: A meta-analysis of the Southern women data. In *Dynamic social network modeling and analysis. Workshop summary and papers*, Hrsg. Ronald L. Breiger, Kathleen M. Carley, und P. Philippa Pattison, 39–77. Washington, DC: National Research Council, The National Academies Press. http://smartnova.net/brain/data/Freeman03.pdf.

Friemel, Thomas N., und Andrea Knecht. 2009. Praktikable vs. tatsächliche Grenzen von sozialen Netzwerken. Eine Diskussion zur Validität von Schulklassen als komplette Netzwerke. In: *Grenzen von Netzwerken*. 1. Aufl., 15–32, Hrsg. Roger Häußling. Wiesbaden: VS Verlag für Sozialwissenschaften (Netzwerkforschung, 3).

Fruchterman, Thomas M. J., und Edward M. Reingold. 1991. Graph drawing by force-directed placement. *Software: Practice and Experience* 21 (11), 1129–1164. Online verfügbar unter http://dx.doi.org/10.1002/spe.4380211102.

Guare, John. 2010. *Six degrees of separation*. London: Methuen Drama.

Häußling, Roger, Hrsg. 2009. *Grenzen von Netzwerken*. Wiesbaden: VS Verlag für Sozialwissenschaften. Online verfügbar unter http://dx.doi.org/10.1007/978-3-531-91856-3.

Hannemann, Robert A., und Mark Riddle. 2005. *Introduction to social network methods*. Riverside: University of California. http://www.faculty.ucr.edu/~hanneman/nettext/index.html.

Havemann, Frank, und Andrea Scharnhorst. 2010. Bibliometrische Netzwerke. In *Handbuch Netzwerkforschung*, Hrsg. Christian Stegbauer und Roger Häußling, 799–823. VS Verlag für Sozialwissenschaften.

Heider, Fritz. 1958. The psychology of interpersonal relations. New York: John Wiley & Sons.

Hennig, Marina. 2010. Mit welchem Ziel werden bestehende Netzwerke generiert? In*Netzwerkanalyse und Netzwerktheorie: ein neues Paradigma in den Sozialwissenschaften*. 2. Aufl., Hrsg. Christian Stegbauer, 295–308. Wiesbaden: VS Verlag für Sozialwissenschaften.

Homans, George Caspar. 1960. *Theorie der sozialen Gruppe*. Köln: Westdeutscher Verlag.

Hummell, Hans J., und Wolfgang Sodeur. 2010. Dyaden und Triaden. In *Handbuch Netzwerkforschung*, Hrsg. Christian Stegbauer und Roger Häußling, 379–395. Wiesbaden: VS Verlag für Sozialwissenschaften.

Inglehart, Ronald. 1977. *The silent revolution. Changing values and political styles among western publics*. Princeton: Princeton University Press.

Jansen, Dorothea. 1999. *Einführung in die Netzwerkanalyse*. Opladen: Leske + Budrich.

Kadushin, Charles. 2005. Networks and small groups. *Structure and Dynamics* 1 (1): 1–18. (Permalink: http://escholarship.org/uc/item/2pt1j1ft. Zugegriffen: 23. Jan. 2013).

Kadushin, Charles. 2012. *Understanding social networks. Theories, concepts and findings*. Oxford: Oxford University Press.

Kähler, Harro D. 1975. Das Konzept des sozialen Netzwerks: Eine Einführung in die Literatur. *Zeitschrift für Soziologie* 4 (3): 283–290.

Karafillidis, Athanasios. 2009. Entkopplung und Kopplung. Wie die Netzwerktheorie zur Bestimmung sozialer Grenzen beitragen kann.In *Grenzen von Netzwerken*, Hrsg. Roger Häußling, 105–132. Wiesbaden: VS Verlag für Sozialwissenschaften.

Kleinfeld, Judith S. 2002. The small world problem. In: *Society* (January/February), S. 61–66.

Krackhardt, David. 1987. Cognitive social structures Original Research Article. *Social Networks* 9 (2), 109–134. http://www.bebr.ufl.edu/files/Cognitive%20Social%20Structures.pdf.

Krackhardt, David. 1998. Simmelian tie: Super strong and sticky. In *Power and influence in organizations*, Hrsg. Roderick Kramer und Margaret Neale, 21–38. Thousand Oaks: Sage Publications. http://www.andrew.cmu.edu/user/krack/documents/pubs/1998/1998%20Simmelian%20Ties%20-%20Super%20Strong%20&%20Sticky.pdf.

Krackhardt, David. 1999. The ties that torture. Simmelian tie analysis in organizations. *Research in the Sociology of Organizations* 16: 183–210.

Krempel, Lothar. 2005. *Visualisierung komplexer Strukturen. Grundlagen der Darstellung mehrdimensionaler Netzwerke*. Frankfurt a. M.: Campus.

Krempel, Lothar. 2010. Netzwerkvisualisierung. In *Handbuch Netzwerkforschung*, Hrsg. Christian Stegbauer und Roger Häußling, 539–567. VS Verlag für Sozialwissenschaften.

Krenn, Karoline. 2012. *Alle Macht den Banken? Zur Struktur personaler Netzwerke deutscher Unternehmen am Beginn des 20.Jahrhunderts*. Wiesbaden: VS Verlag für Sozialwissenschaften (GWV).

Kunin, Theodore. 1955. The construction of a new type of attitude measure. *Personnel Psychology* 8 (1), 65–77.
Kunina, Olga, Marko Pilop, und Henryk Plötz. 2005. Identifikation von Wissensträgern in Unternehmen: Social Network Analysis (Ausarbeitung zum Vortrag „Social Network Analysis" im Rahmen des Seminars „Wissensmanagement und Wissensprozesse in Organisationen" an der Humboldt-Universität). http://www.informatik.hu-berlin.de/~pilop/SocialNetworkAnalysis/SNA_ausarbeitung.pdf.
Laumann, Edward O., Peter V. Marsden, und David Prensky. 1983. The boundary specification problem in network analysis. In *Applied network analysis. A methodological introduction,* Hrsg. Ronald S. Burt, 18–34. Beverly Hills: Sage Publications.
Laumann, Edward O., Peter V. Marsden, und David Prensky. 1992. The boundary specification problem in network analysis. In *Research methods in social network analysis,* Hrsg. Linton C. Freeman, Douglas R. White und A. Kimball Romney, 61–87. New Brunswick: Transaction Publishers.
Leskovec, Jure, und Eric Horvitz. 2008. Planetary-scale views on a large instant-messaging network. http://research.microsoft.com/en-us/um/people/horvitz/leskovec_horvitz_www2008.pdf. Zugegriffen: 17. April 2013.
Litt, Theodor. 1919. Individuum und Gemeinschaft. Grundfragen der sozialen Theorie und Ethik. Leipzig: Teubner.
Luhmann, Niklas. 1984/1996. *Soziale Systeme. Grundriss einer allgemeinen Theorie.* 6. Aufl. Frankfurt a. M.: Suhrkamp.
Marsden, Peter V. 1987. Core discussion networks of Americans. *American Sociological Review*, 52 (1): 122–131. http://www.chssp.columbia.edu/events/documents/Marsden.pdf.
Mayo, Elton. 1933. The human problems of an industrial civilization. New York: The Macmillan company.
McCallister, Lynne, und Claude S. Fischer. 1978. A procedure for surveying personal networks. *Sociological Methods & Research.* 7 (2): 131–148.
McPherson, Miller, Lynn Smith-Lovin, und Matthew E. Brashears. 2006. Social isolation in America: Changes in core discussion networks over two decades. *American Sociological Review* 71 (3): 353–375. http://ts.lemoyne.edu/images/press/docs/pdf/June06ASRFeature.pdf.
Merton, Robert K. 1957. Social theory and social structure. New York: Free Press.
Milgram, Stanley 1967. The small world problem. *Psychology Today* 1 (1): 60–67. http://snap.stanford.edu/class/cs224w-readings/milgram67smallworld.pdf.
Mische, Ann, und Harrison White 1998. Between conversation and situation: Public switching dynamics across network domains. *Social Research* 65 (3): 695–724.
Mische, Ann, und Philippa Pattison 2000. Composing a civic arena: Publics, projects, and social settings. *Poetics* 27 (2/3): 163–194.
Moreno, Jacob Levy 1934. Who shall survive? A new approach to the problem of human interrelations. Washington: Nervous and Mental Disease Publ. Co (Nervous and Mental Disease Monograph Series, 58).
Ohly, H. Peter. 2010. Zitationsanalyse: Beschreibung und Evaluation von Wissenschaft. In *Handbuch Netzwerkforschung,* Hrsg. Christian Stegbauer und Roger Häußling, 785–797. VS Verlag für Sozialwissenschaften.
Paik, Anthony, und Kenneth Sanchagrin. 2012. Social isolation in America: An artifact. Social Science Research Network. http://papers.ssrn.com/sol3/papers.cfm?abstract_id=2101146. Zugegriffen: 5. Juli 2012.
Radcliffe-Brown, A. R. 1940. On social structure. *The Journal of the Royal Anthropological Institute of Great Britain and Ireland* 70 (1): 1–12.
Pfeffer, Jürgen 2010. Visualisierung sozialer Netzwerke. In *Netzwerkanalyse und Netzwerktheorie: ein neues Paradigma in den Sozialwissenschaften.* 2. Aufl., Hrsg. Christian Stegbauer, 227–238. Wiesbaden: VS Verlag für Sozialwissenschaften.

Ripley, R., und Snijders, T. A. B. 2011. *Manual for SIENA version 4.0*. Oxford: University of Oxford, Department of Statistics, http://www.stats.ox.ac.uk/siena/.
Roethlisberger, F. J., W. J. Dickson, Harold A. Wright, und Carl H. Pforzheimer. 1939. *Management and the worker. An account of a research program conducted by the Western Electric Company, Hawthorne Works, Chicago*. Cambridge Mass: Harvard University Press.
Schnegg, Martin, und Helmut Lang. 2002. Netzwerkanalyse – Eine praxisorientierte Einführung. In: *Methoden der Ethnographie*. Heft 1 (Oktober 2002). http://www.methoden-der-ethnographie.de/heft1/Netzwerkanalyse.pdf.
Schweizer, Thomas. 1993. Perspektiven der analytischen Ethnologie. In *Handbuch der Ethnologie. Festschrift für Ulla Johansen*, Hrsg. Thomas Schweizer, Margarete Schweizer und Waltraut Kokot, 79–113. Berlin: Reimer.
Schweizer, Thomas. 1996. *Muster sozialer Ordnung*. Berlin: Dietrich Reimer Verlag.
Schütz, Alfred. 1971. *Gesammelte Aufsätze*. Bd. 1. Das Problem der sozialen Wirklichkeit. Den Haag: Nijhoff.
Scott, John. 1990. *The sociology of elites. Interlocking directorships and corporate networks*. Aldershot: Elgar.
Simmel, Georg. 1992[1908]. Die quantitative Bestimmtheit der Gruppe. In *Soziologie. Untersuchungen über die Formen der Vergesellschaftung*. Gesamtausgabe Band II, 2. Aufl., 63–159, Hrsg. Georg Simmel. Frankfurt a. M.: Suhrkamp Verlag (Text aus der Originalausgabe von 1908 (S. 47–133) unter http://archive.org/stream/soziologieunter00simmgoog#page/n60/mode/2up oder unter http://socio.ch/sim/unt2a.htm, unt2b.htm, unt2c.htm, unt2d.htm. Zugegriffen: 21. Jan. 2013.
Stegbauer, Christian. 2002. *Reziprozität. Einführung in soziale Formen der Gegenseitigkeit*. Wiesbaden: Westdeutscher Verlag.
Stegbauer, Christian. 2009. *Wikipedia. Das Rätsel der Kooperation*. Wiesbaden: VS Verlag für Sozialwissenschaften.
Stegbauer, Christian. 2010. Weak und strong ties. Freundschaft aus netzwerktheoretischer Perspektive. In *Netzwerkanalyse und Netzwerktheorie: ein neues Paradigma in den Sozialwissenschaften*. 2. Aufl., Hrsg. Christian Stegbauer, 105–119. Wiesbaden: VS Verlag für Sozialwissenschaften.
Stegbauer, Christian. 2011. Beziehungsnetzwerke im Internet. In: *Soziale Netzwerke*, 2. Aufl., Hrsg. Johannes Weyer, 249–274. München: Oldenbourg Wissenschaftsverlag.
Stegbauer, Christian. 2012a. Divergenzen zwischen Netzwerkforscher- und Akteursperspektive. In *Die Integration von Theorie und Methode in der Netzwerkforschung*, Hrsg Marina Hennig und Christian Stegbauer, 53–94. Wiesbaden: Springer VS.
Stegbauer, Christian. 2012b. Situations, networks and culture – the case of a golden wedding as an example for the production of local cultures. *Forum: Qualitative Social Research* 14 (Art. 6). Online verfügbar unter http://nbn-resolving.de/urn:nbn:de:0114-fqs130167.
Stegbauer, Christian. 2012c. Vom „homo oeconomicus" über den „homo reciprocans" zum „homo relationalis". In *Vom homo oeconomicus zum homo reciprocans? Auf der Suche nach einem neuen Menschenbild als Erklärungsmuster für Recht, Wirtschaft und Kultur*, Hrsg. Manfred Rehbinder, 27–56. Bern: Stämpfli (Schriften zur Rechtspsychologie, 13).
Stegbauer, Christian. 2013. Probleme der Konstruktion zweimodaler Netzwerke. In *Die Dynamik sozialer und sprachlicher Netzwerke. Konzepte, Methoden und empirische Untersuchungen an Beispielen des WWW*, Hrsg. Barbara Job, Alexander Mehler und Tilmann Sutter, 177–202. Wiesbaden: Springer-VS.
Stegbauer, Christian, und Roger Häußling. 2010. *Handbuch Netzwerkforschung*. Wiesbaden: VS-Verlag.
Stegbauer, Christian, und Alexander Rausch. 2013. Möglichkeiten der Visualisierung für die positionale Analyse: Ein Werkstattbericht. In *Visualisierung sozialer Netzwerke,* Hrsg. Roger Häußling, Betina Hollstein, Katja Mayer, Jürgen Pfeffer und Florian Straus. Wiesbaden: VS Verlag für Sozialwissenschaften. (Preprint unter: https://docs.google.com/viewer?a=v&pid=sites&srcid=ZGVmYXVsdGRvbWFpbnxuZXR6d2Vya2Fuc2FjcVuZ3hneDoyZDE4MTNmZDVkNTVlOGI5).

Swidler, Ann. 1986. Culture in action: Symbols and strategies. *American Sociological Review* 51: 273–286.

Trappmann, Mark, Hans J. Hummell, und Wolfgang Sodeur. 2005. *Strukturanalyse sozialer Netzwerke. Konzepte, Modelle, Methoden.* Wiesbaden: VS Verlag für Sozialwissenschaften.

Vobruba, Georg 2006. Grenzsoziologie als Beobachtung zweiter Ordnung. In Grenzsoziologie. *Die politische Strukturierung des Raumes,* Hrsg. Monika Eigmüller und Georg Vobruba, 217–225. Wiesbaden: VS Verlag für Sozialwissenschaften.

Wassermann, Stanley, und Katherine Faust. 1997. *Social network analysis.* New York: Cambridge University Press.

Watts, Duncan J. 2003. *Six degrees. The science of a connected age.* New York: W.W. Norton.

Watts, Duncan J., und Steven H. Strogatz. 1998. Collective dynamics of „small-world" networks. *Nature* 393 (6684): 440–442.

Weber, Max. 2002. *Wirtschaft und Gesellschaft. Grundriss der verstehenden Soziologie.* Tübingen: Mohr-Siebeck. 5., rev. Aufl. (zuerst 1922).

Wengenmeyr, Roland. 2005. Mit den Augen denken. *Max Planck Forschung* (1), S. 66–72.

White, Harrison C. 1992. *Identity and control. A structural theory of social action.* Princeton: Princeton Univ. Press.

White, Harrison C. 1995. Network switchings and bayesian forks: Reconstructing the social and behavioral sciences. *Social Research* 62 (4): 1035–1063.

White, Harrison C. 2008. *Identity and control. How social formations emerge.* 2. Aufl. Princeton: Princeton Univ. Press.

White, Harrison, Scott Boorman, und Ronald Breiger. 1976. Social structure from multiple networks. I.: Blockmodels of roles and positions. *American Journal of Sociology* 81: 730–750.

Wolf, Christof. 2009. Netzwerke und soziale Unterstützung. Der Vorschlag eines Moduls für die Panelerhebung „Arbeitsmarkt und soziale Sicherung" des IAB. Gesis. Mannheim (Gesis Working Papers, 2009/9). Online verfügbar unter http://www.gesis.org/fileadmin/upload/forschung/publikationen/gesis_reihen/gesis_arbeitsberichte/GESIS_AB_9.pdf. Zugegriffen: 28. Jan. 2013.

Wolf, Christof. 2010. Egozentrierte Netzwerke: Datenerhebung und Egozentrierte Netzwerke: Datenerhebung und Datenanalyse. In *Handbuch Netzwerkforschung,* Hrsg. Christian Stegbauer und Roger Häußling, 471–483. Wiesbaden: VS Verlag für Sozialwissenschaften.